Felix Lay, Friedrich Fischbach

Die Verbreitung und Cultur der Südslaven

Felix Lay, Friedrich Fischbach

Die Verbreitung und Cultur der Südslaven

ISBN/EAN: 9783744603843

Hergestellt in Europa, USA, Kanada, Australien, Japan

Cover: Foto ©ninafisch / pixelio.de

Weitere Bücher finden Sie auf **www.hansebooks.com**

SÜDSLAVISCHE TRACHT.

I. Einleitung.

> Gottes ist der Orient,
> Gottes ist der Occident.
> Nord- und südliches Gelände
> Ruht im Frieden seiner Hände.
> Goethe.

Die Völker des westlichen Europa's haben sich zu einer Höhe in Kunst und Wissenschaft emporgearbeitet, welche ihr gerechter Stolz ist und die Bewunderung aller Völker der Erde verdient. Deutschland, Frankreich und England wetteiferten untereinander, sich die Cultur der alten Völker anzueignen, ihre eigene nationale Kraft zu entfalten und die Culturschätze aller übrigen Völker möglichst auszunutzen In diesem erobernden Willen, den der germanische Stamm ganz besonders zeigt, liegt der Schlüssel zur Erklärung, wie es kommt, dass die Cultur so ungleich bei den Völkern Europa's vertheilt ist. Rechnen wir noch den zweiten Grund hinzu, dass die geographische Lage solche Bestrebungen begünstigte, während andere Völker, welche seitwärts von den Verkehrsstrassen des Mittelalters wohnten, die Bollwerke waren, um Europa vor asiatischer Barbarei zu schützen, so werden wir zu dem gerechten Urtheile gelangen, dass jedes Volk in seiner Eigenart, in seiner politischen Selbständigkeit und in seiner Kulturentwickelung zu achten und zu würdigen ist, wenn auch nicht gleichzustellen ist. Hat der Osten Europa's nicht die erobernde Kraft des Westens und bewegt sich der Slave lieber im engeren Kreise seiner Heimath, so darf er doch, so sehr er die hohe Cultur der Germanen verehrt und zu erwerben trachtet, auch auf „seine" Culturschätze hinweisen und sie im Austausche den Nachbarvölkern bieten.

Die Schattenseite der modernen westeuropäischen Cultur ist in mancher Beziehung die Unnatur, welche sie in dem höchsten Raffinement des Luxus sich aneignete. So lange als Paris tonangebend war, und die ganze sogen. civilisirte Welt ihm huldigte, kränkelte die hohe Cultur Westeuropa's an vielen Stellen. Es ist daher von hohem Werthe, dass in Europa Völker wie die slavischen leben, die diesem Einflusse wenig oder gar nicht unterworfen waren. Sie haben in ihrem Wesen, in ihrer Kunst und Industrie gewisse Eigenschaften sich treu bewahrt, welche in der modernen Cultur zu Ende des Mittelalters verloren gingen.

Die nationale Kunst der Südslaven blieb unversehrt. Die Schätze, welche in originellen Farben und Formen auf dem Gebiete der Stickerei, Weberei, Töpferei, Flechterei und der Goldschmiedekunst sich vorfinden, haben wir viele Jahre hindurch gesammelt und ausgestellt Der Zweck des Werkes: „Die Ornamentik der Südslaven", ist, diese originellen Ornamente in sicherer Weise der Nachwelt zu überliefern und der das Neue suchenden modernen Industrie zur Verfügung zu stellen. Wir bemerken noch, dass verwandte Ornamente sich besonders in Schweden und Norwegen vorfinden, sowie, dass die altdeutschen Muster der Stickerei durch die gemeinsame Weise der Technik den in unserem Werke publicirten Mustern am ähnlichsten sind. Eine allgemeine Aehnlichkeit der sog. technischen Ornamente finden wir zudem bei allen Völkern und selbst, wie bekannt, bei den wilden Völkern, bis die von aussen eindringende billigere und elegantere, aber künstlerisch oft verwerfliche Modewaare diese Erzeugnisse der Hausindustrie zuerst aus den wohlhabenden, und dann auch aus den ärmeren Kreisen verdrängt. Nur in abgelegene Gebirgsthäler flüchtet sich die altgewohnte Technik und Verzierungsweise. So finden wir z. B. in dem so hochcultivirten Deutschland fast gar keine Spuren mehr von der so blühenden Hausindustrie des Mittelalters. Aus den kornreichen, mit Städten übersäeten Ebenen ist das Spinnrad verbannt und mit ihm die zierliche Nadelarbeit, welche das selbstgesponnene und gewebte Leinen verzierte. Durchwandert man aber fern von den Verkehrsstrassen die entlegenen Gebirgsthäler, so findet man, sowohl im Harz wie im Riesengebirge, im Spessart, Schwarzwald, in den Tyroler und Steyermärkischen Alpen etc., seltene Ueberbleibsel jener verdrängten Kunst der Handarbeit. Der Ornamentist ist erstaunt, auf den Leibgurten und auf den blauen Kitteln oder Blousen, welche die Bauern solcher Gegenden tragen, denselben Ornamenten zu begegnen, die er als mittelalterliche Stylmuster schätzt.

Nun findet sich aber nirgendwo die Ornamentik der Hausindustrie in ähnlichem Reichthum und gleicher Schönheit wie bei den Südslaven an der unteren Donau. Möge diese gediegene und volksthümliche Kunst geschützt werden, damit sie nicht ebenfalls durch die Einfuhr der billigen und kunstlosen Fabrikswaare zu schnell verdrängt werde. Es ist ein jetzt noch blühender, aber bedrohter Kunstzweig, dessen Wachsthum, wie wir später erläutern werden, nach Jahrtausenden misst. Einige Jahrzehnte genügen heutzutage, wo die Eisenbahnen Alles vermitteln, um der Mode die Herrschaft über eine alte Kunst zu geben, da die Menschen das Neue lieben und das Glänzende dem Soliden und Einfachen vorziehen.

Fragen wir uns, wie der vorauszusehenden Ueberfluthung der Modeartikel vorzubeugen, oder wie das Gute der nationalen Kunst zu retten sei, so müssen wir darauf hinweisen, dass durch ein Schutzzollsystem nichts erreicht wird. Das Volk muss von dem Guten, was es besitzt, überzeugt sein, damit es dasselbe nicht vernachlässigt. Es wird ferner die allgemeine Aufgabe sein, nichts Gutes zurückzuweisen und das Alte mit dem Neuen so zu verschmelzen, wie es der Fortschritt der Cultur verlangt. Unser Werk hat die kulturhistorische Mission, dass es der europäischen Industrie die Ornamente der Südslaven vermittelt und letzteren die Gelegenheit bietet, das Gute, was sie bisher instinktiv pflegten, zu erkennen und mit Bewusstsein zu fördern.

Ein anderes Mittel, die nationale Kunst zu pflegen und zu beschützen, besteht darin, dass die Regierung Preise für die schönsten Gewebe und Stickereien aussetzt und diese zur Bereicherung eines National-Museums jährlich ankauft. Ferner wären in den Mädchenschulen zum Studium und zur Aufmunterung die publicirten Ornamente als Prämien zu vertheilen. Hier hat die Regierung, sowie jede Gemeinde eine schöne Aufgabe zu wirken, denn in der Begabung der Südslaven für die Ornamentik liegt ein grosser Werth, der die Grundlage einer blühenden Kunstindustrie sein kann. Wir betonen, dass es noch nicht zu spät ist, aber bald zu spät sein dürfte, wenn unsere Worte kein Gehör finden und die Initiative eines Privatmannes nicht die der Regierung veranlasst.

Bevor wir eingehender auf die speciellen Kunstschätze zurückkommen, ist es zunächst nothwendig den Boden zu untersuchen, aus dem sie hervorwachsen. Sitte und Lebensweise der slavischen Völker müssen uns bekannter sein, wollen wir ihre nationale Kunst verstehen und würdigen

Zunächst ist es unsere Aufgabe, den Begriff des Slaventhums hier zu erläutern, welchen das Vorurtheil und politische Gehässigkeit arg getrübt hat.

Es muss zugegeben werden, dass über die Slaven und über slavische Zustände sehr unvollkommene und verworrene Begriffe herrschen. Man hört oft sonderbare und sehr häufig selbst lieblose Urtheile über dieselben. Es liegt ganz abseits von dem Zwecke dieser Zeilen, die Ursachen dieser Erscheinungen erörtern zu wollen und Jemanden anzuklagen.

Wir sind der Ansicht, dass die Deutschen eine hohe Berechtigung haben zu wünschen, dass die Cultur, die sie in slavischen Ländern gefördert, nicht in blinder Leidenschaft negirt werde, oder gar, weil antinational, zerstört werde. Ueber den Parteien stehen Kunst und Wissenschaft! Ihre Träger sollen von allen Nationen respektirt und gefördert werden. Andererseits soll jedem Stamme die Entfaltung seiner berechtigten Eigenart gewährleistet werden. Der Deutsche wird sich freuen, wenn der Slave in seiner Weise und Sprache nach denselben idealen Gütern ringt; er wird das Streben achten, wenn auch der Erfolg nicht momentan dem seinigen gleichsteht.

Es muss an dieser Stelle ganz frei gesagt und geklagt werden, dass an der Verwirrung der Meinungen die Wissenschaft selbst einen grossen Theil der Schuld trägt. Schon mit dem Zeitpunkt der Einwanderung der Slaven nach Europa beginnt die Unklarheit. Wir heben in Folgendem einige Hauptirrthümer hervor und wünschen hierdurch die Anregung zu weiteren Studien und Berichtigungen zu geben.

II. Die Verbreitung der Südslaven.

A. Die vorgeschichtliche Zeit und die Völkerwanderungen.

Es ist durch die Geschichtswerke die Ansicht gang und gäbe geworden, dass die Slaven später als die andern Völker nach Europa eingewandert sind. Unwillkürlich verbindet sich mit dieser Vorstellung des Jüngerseins auch die Vorstellung der geringeren Reife, des Schwächerseins, der Abhängigkeit, der Inferiorität gegenüber den ältern. Aber abgesehen davon, dass diese ganze Geschichte von der Einwanderung der Völker nach Europa so nebelhaft ist, dass man gar nicht weiss, was damit anzufangen, fällt sie jedenfalls in eine Zeit, aus der gar kein Strahl des Wissens oder der Geschichte zu uns dringen kann. Es ist die Zeit des Werdens des Menschengeschlechtes, und diese Periode ist ebenso mit tiefem Dunkel bedeckt, wie es die Natur überhaupt liebt, die Anfänge alles Seins und Entstehens mit einem dichten Schleier zu bedecken. Wir werden also die Slaven ebenso als Autochthonen anerkennen müssen, wie es alle andern Nationen Europa's sind, d. h. wenn man auch eine allmälige Ausbreitung des Menschengeschlechtes aus der gemeinsamen Wiege desselben, Asien, in die übrigen Welttheile annimmt, so kann man doch nicht umhin anzuerkennen, dass alle diese Völker und Nationen in dem Zeitpunkt, wo das erste Morgengrauen der Geschichte anbricht, schon dort befinden, wo wir sie jetzt sehen. Mit einem Worte, sie sind für uns wahre Urbewohner der betreffenden Welttheile. Das schliesst natürlich die Möglichkeit nicht aus, dass in späterer Zeit manche Aenderungen in den Wohnsitzen einzelner Stämme eingetreten sind; allein diese Wanderungen berühren in der Regel das Volk als Ganzes entweder gar nicht, oder doch nur in einem sehr geringen Maasse. Um ein Beispiel anzuführen: die Geschichte berichtet uns von vielen Wanderungen griechischer Stämme untereinander; aber das Griechenvolk als Totalität bleibt da, wo es seine Geschichte begonnen und — wenigstens für die alte Zeit — zu Ende geführt hat. Aehnliches gilt auch von jener sogenannten Völkerwanderung zu sagen, mit der das Mittelalter eingeleitet wird. Es ist übrigens auch das ein so vager Begriff, dass man aus ihm alles und nichts machen kann. Aber sie war alles andere nur nicht eine Wanderung von Völkern in unserem heutigen Sinne. Man wird doch einmal zugeben müssen, dass die vielen, und auch dazu so unbestimmten und daher vieldeutigen Namen, bei denen man nicht einmal weiss, ob sie richtig und wie sie geschrieben sind, nur zu sehr Anlass zu einer Spielerei mit eben diesen Namen gegeben haben und dass sie Ursache der mannigfaltigsten und abenteuerlichsten Kombinationen geworden sind. Wenn man die Sache ruhig und vorurtheilslos betrachtet, so wird sich diese Völkerwanderung wohl auf mehr oder minder glückliche Kriegszüge grösserer oder kleinerer Volkshaufen beschränken müssen, die dann ihren Namen der Herrschaft geben, die sie so glücklich waren über andere Stämme oder Völker zu gründen. Warum sind denn alle diese „Völker" verschwunden, und verhältnissmässig sehr bald verschollen, wie z. B. die Langobarden, Gothen u. s. w., ja sogar in ihren ehemaligen Unterthanen aufgegangen? Wenn nun schon die germanische Völkerwanderung Anlass zu so vielen Zweifeln bietet, um wie viel mehr ist dies bei der slavischen der Fall, die mehrere Jahrhunderte später eingetreten sein soll, also zu einer Zeit, wo Europa durchaus nicht menschenleer war und wo man trotzdem die einzelnen slavischen Stämme wie Schachfiguren auf leeren Feldern herumschiebt oder sie nöthigenfalls überspringt und hinauswirft.

Für die Ansicht, dass die Völkerwanderung die Wohnsitze der Völkergruppen nicht wesentlich veränderte, liefern die Dacoromanen den eclatantesten Beweis. Diese wurden im zweiten Jahrhundert durch Trajan colonisirt, hatten vermöge ihrer geographischen Lage den stärksten Wellenschlag der Völkerwanderung gerade von den wildesten Stämmen auszuhalten und dennoch sind sie weder verschwunden, weder entnationalisirt, noch wurden sie aus ihren ursprünglichen Wohnsitzen gedrängt, sondern sind noch immer da, wo sie Trajan colonisirt hat. — Vor Erfindung der Buchdruckerkunst muss überhaupt die Vernichtung einzelner Völker im Kampfe ums Dasein ein äusserst langsamer Process gewesen sein; von da ab beginnt erst die Slaven an der Elbe, Oder und Isonzzo und die Basken und Bretonen in Frankreich rascher zu verschwinden und sind dennoch trotz der so einflussreichen geistigen Mittel noch nicht ganz verschwunden.

Wahrscheinlich ist, dass ein am schwarzen Meer zu Anfang unserer Zeitrechnung lebendes civilisirtes Volk die Ostgothen gewesen sind. Die Ansicht, dass die Ostgothen Germanen waren, weil Bruchstücke einer deutschen Bibelübersetzung von dem gelehrten Bischof Ulfilas vorhanden sind, hält keine ernste Kritik aus, so lange nicht nachgewiesen wird, wie es kommt, dass diese Ostgothischen Könige lauter slavische Namen hatten, als: Alamir, Vidimir, Teodomir etc. Gerade so hiessen auch unsere kroatischen nationalen Könige, als: Kreschimir, Gojmir, Zvonimir etc. Die Forschung hat hier vieles aufzuhellen, z. B. warum Theodrichs, des grossen Germanen, zu rasch in Italien verschwinden konnte, wogegen nach seinem Tode (kaum ein halbes Jahrhundert später) beim Erscheinen der Hunnen die Slaven bis an die Etsch so zahlreich wohnten, dass sie selbst Venedig bauen konnten; ja dass heute noch, wie unser Archeologe Kukuljevich kürzlich gefunden hatte, mitten in den Abruzzen einige slavische Dörfer vorhanden, oder mitten in Tyrol viele Ortsnamen und Berge slavisch sind, wie Windischsmatrei. Wird man da nicht an das slowakische Matra-Gebirge erinnert?

Ein anderes gang und gäbes Argument, das man gegen das Alterthum der Slaven anzuführen pflegt, ist, dass man sagt, dass die ältesten bekannten Schriftsteller nichts von den Slaven zu sagen wissen. Bei näherer Betrachtung zerfällt aber dieses Argument geradezu in nichts. Wir fragen, wissen wir in unserer Zeit, der so kolossale Mittel zu Gebote stehen, gar so viel von Afrika, oder noch mehr von Australien zu sagen? folgt daraus, dass dort nichts ist, oder nie jemals etwas war? Und dann trifft dieser Einwurf überhaupt nicht. Die Slaven waren den Griechen und Römern schon im 7. Jahrhundert vor Chr. bekannt, freilich nicht unter dem Namen der **Slaven**, aus dem einfachen Grunde, weil dieser Name damals überhaupt noch nicht existirt hat, sondern unter dem Namen der Venedi, Vinidi, Vindi (Wenden). Sie selbst nannten sich Sobi, Serben, d. h. Verwandte, Stammesangehörige. Sonderbarer Weise haben sich beide Namen bei ganz entfernten Slavenstämmen erhalten. Wenden oder Winden oder Windische heisen bei den Deutschen die Slaven der Lausitz, Südsteyermarks*) und Kärnthens am rechten Drauufer.

Serben nennen sich in ihrem Dialekte die Lausitzer Slaven, dann alle Südslaven in Ungarn, Kroatien, Slavonien und den slavischen Ländern der Balkanhalbinsel (die Bulgaren ausgenommen), welche Bekenner der orientalischen Kirche sind. Auch Herodot kennt die Slaven. Die **Budinen**, **Neuren** oder **Nuren**, die wie er erwähnt, im heutigen Südrussland wohnen, sind zweifellos Slaven. Hier sei bemerkt, dass die Slaven bei den Chronisten des frühesten Mittelalters auch unter den Namen der **Skythen**, **Sarmaten** und selbst **Hunnen** vorkommen, was daher kommt, dass einzelne Stämme unter der Herrschaft dieser genannten Völker standen, und man sie daher aus der Ferne mit diesen ihren Herren verwechselte und selbst identificirte. Dieses ist ein weiterer Beweis, wie vorsichtig man mit Namen in der älteren Zeit umgehen muss.

Nach dem Sturze der hunnischen und römischen Herrschaft verschwinden allmälig diese ältesten Gesammtnamen und es treten andere an die Stelle. Im 6. Jahrhundert begegnen uns die Namen der **Slaven** und **Anten**. Die **Slaven** (Slovjeni, Slooané, Slavi, Solavi, Sclavini) bewohnten den nordwestlichen Theil der slavischen Länder beiläufig von Nowgorod am Ilmen- oder Moisersee (so muss man wohl das Novietunum ad lacum Mosianum bei Jornandes erklären) bis an den Dniester und die Weichsel im Südwesten. Die kriegerischen **Anten** sassen an den Küsten des schwarzen Meeres von der Mündung des Dniesters bis weit gegen Nordosten. Im 7. Jahrhundert verliert sich der Name der Anten ganz und der Name „Slaven" tritt ganz an die Stelle der ältesten Namen der „Serben" und Wenden.

Der Name „Slované, Slavi" ist unbekannten Ursprungs und kam ursprünglich einem in der Nähe von Nowgorod sesshaften Stamme zu. Dass übrigens auch die weiten Ländergebiete von den Karpathen gegen Süden bis an das adriatische Meer von slavischen Völkerschaften bewohnt waren, erhellt daraus, dass, als im 4. Jahrhundert v. Chr. die Gallier sich vom Westen gegen Süden und Osten drängten, sie auf Slaven stiessen. Sie drängten, es heisst, viele derselben über die Karpathen, aber auch mehre gallische Stämme (Ombronen, Kotinen, Bastarner, Peukiner) sollen mit ihnen an die Weichsel und den Dniester gezogen sein. In jenen Ländern blieben aber viele Slaven zurück, was aus vielen Namen aus jenen Zeiten unumstösslich hervorgeht. Wenn man also schon eine Einwanderung slavischer Stämme im 6. oder gar im 7. Jahrhundert, in Böhmen gegen das Ende des 5. Jahrhunderts, in die südlichen und westlichen Länder annimmt, so war es eher eine Rückwanderung in früher verlassene Gegenden, wo sie wieder Stammesgenossen vorfanden. Aber man kann es nicht genug wiederholen, dass diese ganze Periode so dunkel ist, dass man kaum einen sichern Pfad finden kann. Uebrigens haben schon neuere Schriftsteller die Unstatthaftigkeit der bisherigen Ansichten eingesehen und den Slaven ein höheres Alter, wie es sich gebührt, vindicirt.

B. Ansässigkeit der Slaven vom 7. Jahrhundert an.

Wenn man also die slavische Völkerwanderung mit dem 7. Jahrhundert abgeschlossen annimmt, so erscheinen uns die Slaven im 8.—9. Jahrhundert als ein ungeheuer verbreiteter Volksstamm, welcher das mittlere, südöstliche und östliche Europa inne hat, dessen Grenzen beiläufig folgendermassen angegeben werden können. Ihre Wohnsitze reichten von der Elbe, Saale, dem Böhmerwald, dem Inn, den Ostalpen und dem adriatischen Meere bis tief nach Osten hinein zum oberen Don und unteren Dnieper; vom baltischen Meere, und dem Ilmensee bis zum schwarzen und dem ägäischen Meere. Ueberdies befanden sich am linken Elbeufer bis gegen den Rhein zu zahlreiche slavische Kolonien in Baiern, Franken, Thüringen, Sachsen u. s. w.; ja einige Geschlechter der mächtigen Veleter sind bis Batavien und England vorgedrungen. Hier möge noch nachgetragen werden, dass gegen das Ende des 5. und im Laufe des 6 Jahrhunderts die in Dacien sesshaften Slaven immer mehr und zahlreicher über die Donau zogen und in Mösien, Thracien und Macedonien sich niederliessen. Zahlreiche Slavenstämme setzten sich auch in Thessalien, Epirus und selbst im Peloponnes fest, so dass die Schriftsteller jener Zeit über die Slavisirung von ganz Griechenland klagen. Doch sind diese Gegenden später zurückgräcisirt worden. Allein das Neugriechische trägt tiefe Spuren des Einflusses der slavischen Sprache.

Einzelne Slavenstämme siedelten selbst nach Kleinasien und Syrien über.

Im Jahr 678 gründeten die **uralofinischen Bulgaren** unter den mösischen Slaven eine selbständige Herrschaft. Doch gingen sie sehr bald in ihren Unterthanen auf und hinterliessen ihnen nichts als den Namen.

Noch seien hier einzelne slavische Kolonien im Neapolitanischen und auf Sicilien und in Afrika erwähnt.

Einzelne Slaven dienten auch am Hofe der Kalifen zu Kordova und wurden theilweise hohe Würdenträger.

Wir wollen uns hier nicht weiter mit den einzelnen, ungemein zahlreichen Namen der slavischen Stämme in der älteren Zeit befassen. Sie sind für uns jetzt meistens ohne Bedeutung und gehören der Geschichte an. Ueberdies bieten die meisten blosse Lokalnamen und auch darin hat schon der alte Nestor das richtigste getroffen, wenn er in seiner Chronik schreibt: „Nach langen Zeitläuften siedelten sich die Slaven an der Donau an, da wo nun Ungarn und die Bulgarei ist; von diesen Slaven zerstreuten sie sich über die Erde und nannten sich mit ihren Namen, oder nach dem Orte, in welchem sie sich eben niederliessen. So diejenigen, die sich an dem Flusse Morava niederliessen, nannten sich Moravse, d. h. Mährer und andere nannten sich Czechen. *) Solche Slaven sind auch die Weisschroaten und Serben und Karan-

---

*) Alldort heist der schöne und mässige Höhenzug Windisch-Büchelu (slovenske gorice), dann viele Namen, als: Windisch- und Deutsch - Laudsberg, Windlisch-Feistritz, Windisch-Gratz und Deutsch-Gratz (Nemski Gradec) u. s. w.

*) Anmerkung. Im Deutschen fehlen die mit einem Circumflex und Accent versehenen Lettern C und S, wir setzen dafür Cz und Sc.

taner. Als aber die Gallier (Vlachové) auf die Donauslaven eingefallen waren und sich unter ihnen festgesetzt und ihnen Gewalt angethan hatten, siedelten sich die Slaven an der Weichsel an, und nannten sich Lechen, und von diesen Lechen nannten einige sich Polanen, und andere Luticen, andere Mazowier, andere Pamoranen (Küstenbewohner). Und so setzten sich diese angekommenen Slaven am Dnieper fest und nannten sich Polanen (Feldbewohner) und andere Drewanen, weil sie sich in Wäldern angesiedelt haben. In dieser Weise zerstreute sich das Slavenvolk. Uebrigens finden wir die Slaven, soweit geschichtliche Kenntniss zurückreicht, schon getrennt in jene Hauptstämme, in die sie jetzt zerfallen, nämlich: Russen, Po en, Böhmen oder Czechen (Mährer, Schlesier und Slovaken), Elbeslaven, die bis auf geringe Ueberreste dem Deutschthume weichen mussten, und Südslaven. Die Frage, ob sie je einen einzigen Stamm bildeten oder eine einzige Sprache redeten, ist ebenso schwierig, wenn nicht unmöglich zu beantworten, wie bei den Griechen, die ebenfalls, als sie schon in mehrere Stämme getrennt, in die uns bekannte Geschichte eintreten.

Doch verlassen wir nun das Alterthum und wenden wir uns der heutigen Welt zu.

C. Die Slaven der Neuzeit.

Das von den Slaven jetzt besessene Territorium hat, wenn wir es mit dem der alten Zeit vergleichen, im Westen eine Einbusse erlitten, dagegen sich im Osten und Nordosten erweitert. Es reicht heute vom Böhmerwald bis hinter den Ural zur chinesischen Grenze, und vom nördlichen Eis- und baltischen Meer bis zum schwarzen, ägäischen und adriatischen Meere und stösst hier an das italienische Element im Görzischen und das deutsche in Kärnten.

Die Slaven theilen sich in folgende Hauptstämme:

I. Die Russen, die in zwei Hauptabtheilungen zerfallen: a) die Grossrussen und b) die Klein- und Weissrussen; beiläufig 56 Millionen.
II. Die Polen, c) 9 Millionen. Hier wollen wir die Ueberreste der Elbeslaven gleich mit anführen, nämlich an 150,000 Seelen.
III. Die Czechen, die sich theilen in: a) Slaven in Böhmen, Mähren und Schlesien, und b) Slovaken in Ungarn, circa 7 Millionen.
IV. Die Südslaven, die sich theilen: a) in Slovenen (1¹⁄₃ Mill.), b) Kroaten und Serben (6 Mill.) und c) Bulgaren (6 Mill.) circa 14 Mill.

Wollen wir sie nach der Aehnlichkeit der Dialekte gruppiren, so gehören die Russen und sämmtliche Südslaven in die eine Gruppe, die Böhmen, Slovaken, Polen und die Elbeslaven in die andere.

Dem Religionsbekenntnisse nach gehören die Russen, Bulgaren und Serben der griechisch-orientalischen Kirche an (62 Mill.); griechisch-unirt ist ein Theil der Kleinrussen und Serben (3 Mill.). Anhänger der römisch-katholischen Kirche sind die Czechen, der grössere Theil der Slovaken, die Polen, Slovenen, Kroaten und ein kleiner Theil der Bulgaren (19 Millionen); Protestanten sind die Lausitzer Serben (Wenden), der kleinere Theil der Slovaken, und einige Böhmen, Polen und Slovenen (1¹⁄₂ Million). Zum Islam bekennen sich fast 1 Million in Bosnien, Türkisch-Kroatien, der Herzogowina und Alt-Serbien. Es sind das meist Nachkommen jener kroatisch-serbischen Adelsfamilien, die, um ihren Besitz zu retten, die mohamedanische Religion annahmen. Sie sprechen den südslavischen Dialekt fast am schönsten und verstehen meistens kaum ihre Kirchengebete. (Selbst Omer Pascha ist ein geborner Kroate aus der österreichischen Militärgrenze, dessen Familie [Namens Latas] daselbst lebt.)

Wollen wir sie den Staaten nach, in denen sie leben, ordnen, so entfallen auf Russland 58 Millionen (Russen, Polen und Kolonien von Serben und Bulgaren); auf Oesterreich-Ungarn 16¹⁄₂ Millionen (Böhmen, Mährer, Slovaken, Polen, Klein-Russen, Slovenen, Kroaten und Serben und einige Bulgaren); auf die Türkei 9 Millionen Bulgaren, Serben und Kroaten; auf Deutschland (Preussen und Sachsen) 2¹⁄₂ Mill. Polen, die Lausitzer Serben oder Wenden und einige Czechen.

Es ist nun nöthig, die Slaven auch nach den einzelnen Gegenden und Ländern, in denen sie sesshaft sind, zu betrachten.

a. Russen.

In Russland nehmen die Grossrussen die Mitte des Landes ein. Sie zählen als der herrschende Stamm, dessen Dialekt zur Staatssprache erhoben wurde, 42 Mill.; und machen fast 100 pCt. der Bevölkerung aus. In den südlichen und südwestlichen Gubernien zählen die Kleinrussen über 10 Millionen. Von Russland ziehen sie sich nach Galizien, dessen östlichen Theil sie in der Anzahl von 2,085,431 Seelen bewohnen; dann sind in der Bukowina 188,288, in Ungarn und Slavonien 423,873, in Siebenbürgen 390; in der Armee dienen etwas über 54,000, so dass sich die Gesammtzahl der Kleinrussen auf mehr als 12 Mill. beziffert. Ihr Dialekt wird nur in Galizien als Schriftsprache gebraucht, während er in Russland dieselbe Stellung einnimmt, wie die einzelnen deutschen Dialekte zur deutschen Schriftsprache.

Gegen die Periferie des russischen Staates nimmt die Intensivität des russischen Elementes etwas ab; in Finnland ist sie am geringsten, in den Wolgagubernien beträgt sie über 80 pCt., in Kasan 56,₁ pCt., im Astrachaner Gouvernement 45,₄ pCt., über 20 pCt. beträgt sie in Polen und etwas weniger in den Ostseeprovinzen. Dagegen sind im russischen Asien über 3 Millionen Russen.

In Oesterreich leben etwa 3000 Grossrussen, sogenannte Lipowenen, in einigen Städten der Bukowina.

b. Polen.

Diese sind unter drei Staaten vertheilt. In Russland befinden sich die meisten; im ehemaligen Königreiche Polen (Congresspolen) machen sie fast 70 pCt. der Bevölkerung aus. Dann zählen sie in 9 weiss- und kleinrussischen und lithauischen Gouvernements, zusammen beiläufig 4,524,000 Seelen. In Oesterreich bewohnen sie den westlichen Theil des Königreichs Galizien in der Zahl von 1,981,076, und den angrenzenden Theil Schlesiens in der Anzahl von 131,602 Seelen, in der Bukowina 4,470, zusammen beträgt ihre Anzahl 2,159,648 Seelen. In Preussen befinden sie sich im südöstlichen Theil Schlesiens (719,365 Seelen), im grössten Theil des Grossherzogthums Posen (801,366 Seelen), in Ost-

und Westpreussen (690,441 Seelen) und in Pommern (3,683 Seelen), was zusammen über 2 Millionen beträgt.

Ausser dieser kompakten Masse sind einzelne polnische Kolonien in Ostgalizien unter den Russinen; in Ost- und Westpreussen sind sie in manchen Orten stark gemengt mit den Deutschen. In Folge historisch gewordener Verhältnisse sind die höheren Stände unter den Weiss- und Kleinrussen und den Lithauern bis jetzt polnisch; man kann sie auf mehr als 1 Million schätzen.

Schliesslich wollen wir noch der vielen Tausende polnischer Emigranten gedenken, die in der ganzen Welt zerstreut leben.

Hier wollen wir noch der Serben oder Wenden in der Lausitz (Sachsen und Preussen) an Zahl beiläufig 150,000, und der spärlichen Ueberreste der Elbeslaven, Kaschuben, in Pommern gedenken.

c. Czechen und Slovaken.

Die böhmischen Slaven oder, wie man sie in der neueren Zeit zu nennen beliebt, die Czechen bewohnen die Mitte Böhmens in der Anzahl von nahe an 3 Mill, dann stehen sie gegen Osten in ununterbrochener Verbindung mit den Slaven Mährens, deren Anzahl 1,351,932 beträgt. An diese schliessen sich wieder gegen Osten unmittelbar die Slovaken Ungarns an, deren Anzahl ungemein schwer zu bestimmen ist, da die magyarischen Statistiker ihre Zahl immer bis auf etwas weniges über 1 Mill herabmindern, während Kenner der dortigen Verhältnisse behaupten, dass ihre Anzahl gegen 3 Mill. beträgt. Sie bewohnen 15 Komitate des nordwestlichen Ungarns, von denen sie 5 ausschliesslich bewohnen; in 7 Komitaten machen sie die grössere Hälfte der Bevölkerung aus, in 3 die kleinere; ausserdem findet man Slovaken in 20 anderen Komitaten und einzelnen Kolonien selbst in Slavonien und an der Militärgrenze.

Ausserdem befinden sich Czechen im westlichen Theile Schlesiens in Zahl von nahe an 93,000, und selbst einige Dörfer in Preussisch-Schlesien sind czechisch. Die Gesammtzahl dieses Stammes kann man mit mehr als 6 Mill. angeben.

d. Südslaven.

Die Verhältnisse dieses slavischen Stammes werden im Allgemeinen für sehr schwierig und verworren gehalten und auch so dargestellt, wie sie in der That nicht sind. Die Schuld daran tragen Touristen, die, der Sprache unkundig, auf blosse Namen hin ihre Berichte und Schilderungen bauten und eine wahre Unzahl von südslavischen Völkerschaften schufen. Anderseits hatten gewisse Leute ein Interesse daran, diese Irrthümer nicht zu entkräften, ja sie halfen sogar sie zu vermehren, und hofften dadurch ihre politischen Zwecke leichter zu erreichen. Man kann hier in der That aus der Gegenwart lernen und einen Rückschluss machen, was man hier alles mit Namen machen und aus ihnen schaffen kann, wenn man eben die Verhältnisse nicht kennt oder wenn die Sache, über die man spricht oder schreibt, dem Raume oder der Zeit nach so entfernt ist, dass man keine klaren Begriffe über sie haben kann oder sie nicht haben will. Unwillkürlich fallen einem hier die Worte Goethe's ein:

Mit Worten lässt sich trefflich streiten,
Aus Worten ein System bereiten etc.

Die Sache verhält sich in Wirklichkeit folgendermaassen:

Die Südslaven zerfallen blos in drei verschiedene Gruppen, und diese sind:

a) Die Slovenen.
b) Die Kroaten und Serben.
c) Die Bulgaren.

ad a. Die Slovenen bewohnen ganz Krain mit Ausnahme des Herzogthums Gotschee in der Anzahl von 450,000 S., das Küstenland (Görz und Gradiska) 207,000 Seelen, Kärnthen am rechten Drauufer 113,000 Seelen, Südsteiermark bis zur Mur in einer Menge von 375,000 Seelen. Dann befinden sie sich in einigen westlichen ungarischen Komitaten, die an Steiermark angrenzen, ragen nach Istrien und ins Venetianische hinein und bewohnen einige Dörfer an der linken Seite der Mur Ihre Gesammtziffer beträgt etwas über 1,200,000. Sie kommen unter sehr vielen Specialnamen vor, als zum Beispiel Krainer, Karner, Windische u. s. w., sind aber in der That nur durch die Aussprache und Accentuirung mancher Wörter verschieden.

ad b. Die Kroaten und Serben, man könnte auch sagen, die Kroaten oder Serben, nehmen ein grosses kompaktes Gebiet ein, welches sich von der steierisch-krainerischen Grenze und dem adriatischen Meere bis zur unteren Donau, vom südlichen Ungarn bis in die Mitte der Balkanhalbinsel gegen Albanien zu erstreckt. Sie vertheilen sich nach den einzelnen Ländern folgendermaassen:

Istrien 134,891, Kroatien und Slavonien 809,357, Militärgrenze 865,377, Ungarn 518,046, Dalmatien 369,300. Ausser dieser kompakten Masse finden wir Kroaten und Serben noch am linken Drauufer bis zum Platensee, dann in der Mitte Ungarns um Ofen und Pest, um Oedenburg, von wo sie sich in einigen Dörfern nach Unterösterreich bis fast in die Nähe von Wien hinziehen. Selbst in Mähren zählt man an 1000 Kroaten. Man kann die Gesammtzahl der unter der österreichischen Regierung stehenden Kroaten und Serben auf nahezu 3 Mill. angeben. An diese schliessen sich unmittelbar die Slaven der Balkanhalbinsel an. Diese finden wir wieder in folgenden Ländern:

In Bosnien und Türk.-Kroatien 900,000, in der Herzegowina 254,000, in Montenegro 124,000, in Alt-Serbien und Albanien an 400,000, im Fürstenthum Serbien 955,000, zusammen beiläufig 2,633,000. Es muss bemerkt werden, dass alle diese Zahlen nur approximativ sind, indem in der Türkei so gut wie gar keine Volkszählung vorgenommen wurde, und auch in Oesterreich-Ungarn bei der Volkszählung auf die Nationalitäten keine Rücksicht genommen wurde.

Es ist schon oben bemerkt worden, dass man in den meisten Werken einer wahren Unzahl von Völkernamen begegnet, als z. B. Dalmatiner, Morlachen, Herzegowiner, Bosniaken, Montenegriner, Schokzen u. s. w., u. s. w., die man alle auch für ganz selbständige Völkerschaften hält. Die Sache ist aber einfach die, dass alle diese so zahlreichen und so verschiedenen Namen genau dasselbe sind, was die Namen Baiern, Sachsen, Würtemberger, Schlesier, Märker u. s. w., u. s. w., die doch allesammt nichts sind als — Deutsche. Der Unterschied ist nur der, dass die Deutsche Einen Gesammtnamen haben, währenddem sich bei diesem Stamme zwei Namen erhalten haben, die aber so identisch sind, als wenn man sagen würde $a = a$.

Man hat zwar mehrfach versucht, Einen Namen einzuführen, z. B. Dr. Gaj in Agram schlug den Namen Illyrier vor; andere wandten den Namen Südslaven (hier im engeren Sinne) an. Allein alle diese Namen erhielten sich nicht lange und man kehrte wieder zu den Namen „kroatisch" und „serbisch" zurück. Der slavische Volksgeist neigt nun eben mehr dem Konkreten zu, entgegen dem Deutschen, der mehr das Abstrakte, Allgemeine liebt. *) Uebrigens liegt der Grund für diese zwei Namen jetzt in der Gegenwart im Religionsbekenntnisse und in der Schrift, dergestalt, dass die Bekenner der griechisch-orientalischen Kirche, die sich zugleich der cyrillischen Schriftzeichen bedienen, sich „Serben", die Bekenner der römisch-katholischen Kirche, die sich der lateinischen Schrift bedienen, „Kroaten" nennen, ohne dass selbst auch hier eine bestimmte unabänderliche Grenze gezogen werden könnte. Diese beiden Namen haben zwar einen historischen Hintergrund, dieser kommt aber in der Jetztzeit bei Beurtheilung derselben in gar keinen Betracht.

Manche begründen den Unterschied zwischen „serbisch" und „kroatisch" auf einer dialektischen Verschiedenheit und zwar je nach der verschiedenen Bezeichnung des Fragewortes „was", welches ein Theil, und zwar die weitaus überwiegende Mehrzahl mit sto (schto) ausdrückt, und diese nennt man vorzugsweise Serben, obwohl auch ein sehr grosser Theil der Katholiken „scto" sagt. Ein anderer Theil, und zwar die Bewohner des agramer, warasdiner und kreutzer Komitates (Civilkroatiens) sagen kaj, und diese bilden den Uebergang zu den Slovenen, die ebenfalls dieses Wort gebrauchen, und mit denen sie in unmittelbarer geographischer Verbindung stehen. Endlich gebraucht eine Gruppe, und zwar die kleinste, die das kroatische Küstenland und die nahen Inseln bewohnt, das Wort cza (tscha). Diese beiden letzteren Gruppen pflegt man ein Specialnamen der Kroaten zu bezeichnen. **) Doch herrscht dieser Unterschied nunmehr nur im mündlichen Verkehr, indem innerhalb der Grenzen, die wir oben dem kroatisch-serbischen Stamme angewiesen haben, jetzt nur eine einzige Schriftsprache herrscht, nämlich der Dialekt, der scto sagt, wobei das Religionsbekenntniss und die Schrift eben so wenig einen Unterschied begründen, wie zum Beispiel bei den Deutschen Katholiken und Protestanten, oder wie man deutsche Bücher mit deutschen oder lateinischen Buchstaben schreiben kann. Wenn man trotzdem an diesen zwei verschiedenen Namen festhält, so liegt der Grund einerseits in dem lebhaften religiösen Gefühl (das man am Ende auch Partikularismus nennen könnte), wo nun eben die Bekenner der einen Kirche sich von denen der anderen unterscheiden wollen und dazu sich ihrer Volksnamen bedienen; andererseits in historischen Reminiscenzen, die kein Volk gerne aufgibt. In der That haben beide Stämme eine gesonderte geschichtliche Entwickelung. Nun hat das historische Königreich Kroatien schon am Ende des 11. Jahrhunderts seine selbständige Existenz aufgegeben und sich der ungarischen Krone angeschlossen, freilich anfangs nur in reiner Personalunion, die sich aber nach und nach in eine ziemlich enge Realunion verwandelte. Von diesem alten Königreiche führten dann einzelne Theile eine Zeit lang ein selbständiges Leben, wie z. B. Bosnien, Herzegowina, während Dalmatien unter venetianische Herrschaft fiel. Den Namen Königreich Kroatien führt jetzt nur ein kleiner Theil des ehemaligen Königreichs, das jetzige sogenannte Civilkroatien (168,$_{05}$ ☐ Meilen).

Die Serben haben ihre Unabhängigkeit bis gegen das Ende des 14. Jahrhunderts bewahrt, bis sie der brutalen Macht der Türken unterlagen. Aber auch dann behielten sie eine lange Zeit ihre eigenen Despoten. In der zweiten Hälfte des 17. Jahrhunderts siedelten sich viele Tausend Familien am linken Donau- und Savenfer an, ja im Jahr 1751 wurden mehre Tausend Familien von der Kaiserin Elisabeth in Südrussland angesiedelt. (Jetzt sind ihrer beiläufig 1400). Wie bekannt, erfochten sich in unserer Zeit im „Fürstenthum Serbien" ihre nationale Selbständigkeit, bei welcher sie nicht stehen bleiben werden.

ad c. Die Bulgaren sind, da sie, oder vielleicht könnte man sagen, weil sie geographisch von den anderen Slavenstämmen am weitesten entfernt liegen, dem übrigen Europa am wenigsten bekannt. Zu dieser geringen Bekanntschaft trägt ausser ihrer Lage auch noch der Umstand bei, dass sie noch vollständig unter der türkischen Herrschaft stehen. Diese und die fanariotischen Bischöfe lasten schwer auf diesem Volke. Sie haben es eben ihrer Zähigkeit, aber auch ihrer Zahl zu verdanken, dass sie nicht schon ganz erdrückt sind; denn sie repräsentiren einen ganz respektabelen Volksstamm von 6 bis 7 Millionen.

Wenn wir von den Bulgaren sprechen, so müssen wir die türkische Provinz Bulgarien (Bulgar-Jli oder Bulgarek) von dem Territorium unterscheiden, wo überhaupt Bulgaren wohnen, welches Territorium bedeutend grösser ist und fast die ganze Mitte der Balkanhalbinsel einnimmt.

Die Provinz Bulgarien hat zu Grenzen im Norden die Donau von der Mündung des Timok bei Widdin bis zum schwarzen Meere, im Osten das schwarze Meer bis Burgas, im Westen Serbien, und im Süden den Balkan, von der Stadt Burgas längs desselben bis zum Kara Dagh und wieder zur serbischen Grenze.

Die ethnographische Grenze reicht aber namentlich im Süden und Westen viel weiter, und zwar bis zum ägäischen Meere bei Saloniki, ja, vermischt mit Griechen und anderen Stämmen, bis gegen Larissa und im Westen bis nach Albanien; selbst unter den Albanesen gibt es bulgarische Kolonien, so wie sich andererseits bis Konstantinopel hinziehen.

Auf der linken Seite der Donau giebt es einige zerstreute bulgarische Dörfer; in der Wallachei und in den Städten begegnet man vielen Bulgaren. In Bessarabien bewohnen sie einen Landstrich vom Pruth östlich zu den Städten Tatar-Bunar und Ismail. Im Pariser Frieden vom 31 März 1836 wurde ein Theil dieses Landstriches von Russland an die Moldau abgetreten, und da siedelte der grössere Theil dieser Bulgaren nach Russland über.

In Ungarn und zwar im Banate leben an 24,000 Bulgaren, in Siebenbürgen 830. Diese siedelten in Folge des Belgrader Friedens vom Jahre 1739 nach Oesterreich über, und sie sind sämmtlich römisch-

---

*) Daher mag auch die Erscheinung zu erklären sein, dass die slavische Komik oder der slavische Witz sich wenig Wortspiele kennt, weil eben die meisten Wörter eine feste konkrete Bedeutung haben. Aber desto mehr äussert er sich in lächerlichen Scenen oder ganzen Ausspüchen.

**) Ein Analogon hat man im französischen, die langue d'oc und die langue d'oni.

katholisch, währenddem alle anderen Bulgaren, ausgenommen etwa 300,000 Mohamedaner, der griechisch-orientalischen Kirche angehören.

Der Dialekt der Bulgaren, namentlich die älteste Form desselben, geniesst bei den andern Slaven einer gewissen pietetvollen Achtung, indem er diejenige Sprache ist, deren sich die Slavenapostel Cyrill und Method bedienten, und die leicht zur allgemeinen Schriftsprache selbst bei den Westslaven hätte werden können, hätte nicht die römische Kirche die slavische Liturgie in Panonien, Mähren und Böhmen wieder verdrängt. Doch ist sie noch jetzt die Kirchensprache bei den Bulgaren, den Serben und Russen. Leider hat sich kein slavischer Dialekt im Laufe der Zeiten so verändert, wie eben der bulgarische, dass er von den andern slavischen Dialekten am weitesten absteht und am schwersten verstanden wird. Doch bedienen sich die Bulgaren häufig im Verkehr der serbischen und auch der russischen Sprache. Der Name „Bulgaren" selbst ist nicht slavisch, sondern er rührt von den Bulgaren, einem uralloffinnischen Volksstamme, her, der in der zweiten Hälfte des 7. Jahrhunderts n. Chr. Mösien eroberte und die dortige slavische Bevölkerung sich unterthan machte. Da die Bulgaren aber selbst zu wenig zahlreich waren, nahmen sie die Sprache der Besiegten an, gaben ihnen aber ihren Namen.

Nachdem wir die Verhältnisse der Slaven in allgemeinen Umrissen geschildert haben, ist es unumgänglich nothwendig, auch zweier Volksstämme zu erwähnen, die von der Slavenwelt allenthalben umgeben sind, mit ihr in lebhaftem Verkehr stehen und häufig mit den Slaven und anderen Völkern so vermischt leben, dass es für den Fernestehenden fast unmöglich ist, sich ein klares Bild von diesen Verhältnissen zu entwerfen. Diese zwei Volksstämme sind:

α) Die Magyaren,
β) Die Rumänen oder Wallachen.

Zuerst sei hier im allgemeinen bezüglich beider ausdrücklich bemerkt, dass sie von den Slaven durch und durch verschieden sind und mit ihnen nichts gemein haben, ausser den Staat oder das Land, wo sie wohnen, oder die Regierung, unter der sie stehen. Die Sprachen gehören ganz verschiedenen Familien an und haben ebenfalls nicht das geringste Gemeinsame unter einander, auser einigen Worten, die diese Sprachen den slavischen entlehnt haben.

α) **Die Magyaren.**

Diese gehören ganz der österreichisch-ungarischen Monarchie an, ausser einigen wenigen Kolonien um Jassy in der Moldau, wo sie Tschango heissen. Sie vertheilen sich nach den einzelnen Ländern folgendermassen:

In Ungarn bewohnen sie vorzugsweise die Theissebenen, wo sie in 5 Komitaten über 90 pCt., in 6 über 80 pCt. und in 10 über 50 pCt. der Bevölkerung ausmachen. In den anderen Theilen Ungarns sind sie in der absoluten Minderheit, ja im Südosten (Banat) betragen sie etwas über 1 pCt. und in einigen nordwestlichen Komitaten sogar 0 pCt. Ihre Gesammtzahl in Ungarn beträgt 4,333,987 (bei einer Gesammt-Bevölkerung von 10,567,590 Einwohner). Hiebei ist bemerkenswerth, dass sie auch in keinem einzigen Komitate die ausschliessliche Bevölkerung ausmachen. In den einzelnen Ortschaften leben sie so vermischt mit anderen Nationalitäten, dass man sagen kann, in Ungarn gehören Ortschaften mit ganz gleicher Bevölkerung zu den seltensten Ausnahmen.

In Siebenbürgen haben sie ihr zweites Centrum, und dort theilen sie sich, aber nur dialektisch, in Magyaren oder Szekler, zusammen etwas über eine halbe Million (bei einer Gesammtbevölkerung Siebenbürgens von über 2 Millionen). In Kroatien und Slavonien betragen sie etwa 3 pCt.; in der Militärgrenze leben gegen 5000, und in der Bukowina ungefähr 700 Magyaren.

Man kann ihre Gesammtzahl mit 5 Millionen angeben.

In den neueren ungarischen Werken und Schulbüchern findet man ihre Zahl mit 6 Millionen und darüber angegeben, d. h. hinaufgeschraubt, indem man in diese Zahl auch alle jene, die magyarisch sprechen und sich ihre Namen übersetzt haben, hineinbezieht. Und in der That ist dieses der Weg, den ihre Entwickelung bis jetzt genommen hat, die mehr auf anorganische Weise, durch Heranziehen anderer Elemente vor sich gegangen ist, als aus sich selbst heraus.

Es ist das keine leere Phrase, wenn man sagt: Die Magyaren sind ein unproduktives Volk. Sie sind es in physischer und künstlerischer Beziehung. Wenn sie es trotzdem bis auf einige Millionen gebracht haben, so haben sie das ganz eigenthümlichen, ihnen besonders günstigen Umständen zu danken, unter denen wir in die erste Reihe stellen müssen ihre Stellung als herrschende Nation in Ungarn. Diese Stellung kann man nur mit der der Dorier (Spartaner) in Lakonien vergleichen, die ebenfalls in Folge der Besiegung der alten Bevölkerung des Landes sich die ausgiebigsten politischen Rechte zutheilten, währenddem sie die anderen Bewohner des Landes von diesen politischen Rechten entweder ganz ausschlossen oder sie sehr beschränkten.

Als herrschende Nation bildeten sie auch den Adel des Landes, und es ist eben die Adelsinstitution, die in Ungarn eine ganz eigenthümliche Bedeutung hat. Die Erhöhung in den Adelstand war da nicht gleichbedeutend mit der Erwerbung grösserer politischer Rechte oder der Aenderung der socialen Stellung, sondern sie bedeutete zugleich die Aufnahme in den Nationalverband der Magyaren, was seinen Ausdruck fand in den ausschliesslich magyarischen Prädikaten, die man auch mit magyarischen Namen verhängte. Darauf beruht nun auch bis jetzt die Herrschaft der Magyaren, die, wie nirgends sonst, ihren Schwerpunkt im Adel hat, und dieser hat ihn wieder im Grundbesitz und den damit zusammenhängenden Verhältnissen. Damit hängt nun auch die Abhängigkeit der anderen Volksstämme von den Magyaren ab, obwohl sie numerisch mit ihnen gleich sind, oder sie noch übertreffen. Denn der Adel dieser Volksstämme hat sich entnationalisirt und die Nichtadeligen waren vom politischen Leben ausgeschlossen. Es sind das übrigens Verhältnisse so eigenthümlicher Natur, dass man sie mit wenigen Worten gar nicht erschöpfen kann. Daher auch die meist irrigen Ansichten, die man im Ausland über

Ungarn hat, zu entschuldigen sind, da es für einen Einheimischen sehr schwierig ist, sich da zurechtzufinden, zumal die Magyaren die öffentliche Meinung in Europa für sich zu captiviren und zu leiten verstehen.

β) Die Rumänen oder Wallachen.

Die Rumänen oder Romanen oder Wallachen bewohnen ein ausgedehntes Gebiet, das im Westen von der Theiss, im Norden von den Karpaten, im Osten vom schwarzen Meere und im Süden von der unteren Donau begrenzt wird. Aber auch ausserhalb dieses Gebietes findet man Rumänen. Ihre Vertheilung ist folgende:

In der Walachei 2,420,000, in der Moldau 1,605,000, in Ungarn 1,172,000, in Siebenbürgen 1,104,400, in der Bukowina 175,679, in der Militärgrenze 140,800; also in den Donaufürstenthümern (Romänien) 4,025,000, in Oesterreich-Ungarn 2,70 ,000. Ausser diesem Territorium giebt es noch in Istrien etwas über 2000, in Südrussland an 730,000, im Fürstenthum Serbien ca. 120,000. Ferner findet man sie auf der rechten Seite der Donau, in der Bulgarei und in den anderen türkischen Ländern in ziemlicher Anzahl zerstreut und vermischt mit anderen Volksstäumen; sie heissen dort auch Macedowalachen oder Zinzaren, etwa 300,000. Man kann daher die Gesammtzahl dieses Volksstammes auf 7,850,000 angeben.

Die Rumänen sind, wie es ihre Sprache zweifellos zeigt, dem romanischen Stamme zuzuzählen. Sie haben berühmte Stammeltern, nämlich die Römer selbst, die Kaiser Trajan nach Dacien in den Krieg schickte und die sich dann hier ansiedelten. Sie können sich mithin hochansehnlicher Verwandten rühmen. Da sie aber sehr weit von diesen entfernt und nur von anderen Volksstämmen umgeben sind, so haben sie an der grossartigen geistigen Entwickelung der übrigen romanischen Völker keinen Antheil nehmen können und desshalb hat sich auch die rumänische Sprache ganz anders entwickelt als ihre übrigen Schwestern. Sie ist nämlich entschieden eine Mischsprache, in der wohl das Lateinische den Grundstamm bildet, aber so viele fremde Elemente aufgenommen sind, so dass Diez behauptet, dass kaum die Hälfte der Worte lateinischen Ursprungs sei. Die lateinische Sprache hat sich zunächst mit der Sprache der alten Daker oder Geten vermengt. Dann erinnere man sich, welches Völkergedräng dort am Ausgange der alten Geschichte herrschte und dass alle diese Stämme Spuren ihrer Sprachen hinterlassen haben. Den entschiedensten Einfluss hatte aber die slavische Sprache, und zwar der bulgarische Dialekt. Dieser Einfluss zeigt sich nicht blos in der Grammatik und im Lexikon, sondern auch in der Schrift. Die Rumänen bedienten sich nämlich bis gegen das Ende des vorigen Jahrhunderts der **cyrillischen Schrift***) und erst von da an der lateinischen. Dieses verursachte aber eigenthümliche Schwierigkeiten, indem die rumänische Sprache manche Laute aus der bulgarischen entlehnte, für die das lateinische Alphabet keine Zeichen hat, daher auch jetzt noch eine grosse Verwirrung in der Orthographie herrscht.

Es sei hier noch als ein Kuriosum erwähnt, dass nach den älteren ungarischen Gesetzen die Rumänen in den Ländern der ungarischen Krone fast als Sklaven behandelt werden und sich sogar durch die Kleidung unterscheiden mussten! Wer denkt hier nicht wieder an die Spartaner und die Heloten? Die „Nationes privilegiatae" in Siebenbürgen waren die Ungarn, Székler (hier sonderbarer Weise als zwei Nationen genommen) und die Sachsen. Letztere haben deutsche Bildung gepflegt und verbreitet und ihre Nationalität in langjährigen schrecklichen Kriegen tapfer behauptet.

---

*) Bis ins 17. Jahrhundert sind die Urkunden der moldauischen und wallachischen Hospodare in **slavischer Sprache** verfasst, und diese Sprache herrschte auch in der Kirche, in der Schule (noch in den ersten 30 Jahren unseres Jahrhunderts) und im Amte.

III. Culturhistorisches.

A. Charakter, Sitten und Poesie der Südslaven. *)

Aus der arischen Urheimath in Asien brachen zuerst die Kelten auf; später löste sich eine zweite Volkswelle, die in Europa zu Griechen und Italiern ward, und dann folgte eine dritte, die sich in Germanen und Slaven schied. Den Rest, der in Asien verblieb, nennen wir Indier und Iranier.

Die Kelten gewannen nach langen Wanderzügen den Nordwesten Europa's, England und Frankreich. Im Osten siedelten sich die Slaven an und zwischen beiden nahmen in Skandinavien und Deutschland die Germanen ihren Sitz, drangen aber auch erobernd in keltische und slavische Gebiete ein und verschmolzen mit den Bewohnern. Auf der grossen Ebene vom Weissen bis zum Schwarzen und Kaspischen Meere, von Sibirien bis zur Oder und Adria breiteten die Slaven sich aus. In dieser weiten Strecke zerfielen sie in mannichfache Stämme, zwischen Europa und Asien gelagert, bildeten sie auch geistig ein Mittelglied zwischen beiden, zwischen Kaukasiern und Mongolen, bis jetzt die mehr passiven unter den aktiven Nationen. Die Individualität tritt noch nicht recht hervor; die Slaven wissen bis auf diesen Tag weniger von berühmten Männern zu singen und zu sagen, als die anderen Culturvölker; der kühne vordringende Geist, welcher die Germanen, die bewegliche Neuerungslust, welche die Kelten bald zu Eroberungszügen und bald zu Revolutionen treibt, sind ihnen fremd; sie greifen zum Schwert, um die Heimath zu vertheidigen, nicht aber, um vom Waffendienst zu leben. Während die Germanen das weströmische Reich zertrümmern, schieben sich die Slaven langsam in das oströmische ein, bis nach Hellas hinab geben sie Flüssen und Bergen neue Namen, aber der Kaiserthron in Byzanz bleibt stehen.

Auf der ungeheuren Fläche, die sie inne haben, kann man lange wandern, bis der Wechsel des Klimas und des Pflanzenwuchses so bedeutend wird, wie er bei einer einzigen Tagfahrt in deutschen Bergen sich zeigt; doch hat man einen nördlichen Streifen mit einer Kette von Seen als die Zone der weissschaftigen Birke bezeichnet, während von den Ufern der Oder bis zum Ural düstere Fichtenwälder sich hinziehen zwischen sandigen und feuchten Fluren, und südlich auf den Grasstriffen an dem Don, an der Donau und Wolga die Eiche rauscht. Friedlicher Sinn und Liebe zur Sesshaftigkeit liess die Slaven diese weite fruchtbare Ebene wählen; dort finden wir sie schon das ganze Jahrtausend von 500 vor bis 500 nach Christus ausgebreitet. Alte Namen waren Serben, Sorben und Wenden; Slaven wurden sie wohl allmählich als die Genossen einer Sprache genannt: slowo-Wort. Das Besprochene ist das Bekannte, daher slawa Ruhm. Herder's Ausspruch, dass ihre Bestimmung sei, den Boden zu besitzen, hat den Sinn, dass sie geborne Ackerbauer sind; nicht die Stadt, wie bei Griechen und Römern, nicht die Burg und der Einzelhof, wie bei Kelten und Germanen, sondern der bäuerliche Weiler, die Landgemeinde bildet daher die Grundlage ihres socialen Lebens; die Gemeinde herrscht über die Persönlichkeiten der Einzelnen, das Land gehört ihr, und wird den Familien auf Lebenszeit zugetheilt, sie ist wieder der Erbe; als ihr Glied hat jeder seinen Besitz, seinen Verband, sein Recht und seine Stellung.

Ein sanfter, frommer Zug liegt in ihrem geistigen Wesen und klingt wehmüthig, sehnsüchtig aus ihrem Gemüthe in den Molltönen ihrer Volkslieder hervor. Der jahrhundertlange Druck durch die Mongolen und die Gewaltherrschaft der Zaren hat dies nur verstärken können. In alten Tagen waren die Slaven frei und gleich. Die Familien bildeten die Gesellschaft, der Vater war ihr Haupt, die Familienhäupter wählten den Vorstand der Gemeinde, die Vorsteher traten zu Kreis- und Landtagen zusammen, wo Recht gesprochen, die Steuern ausgeschrieben, über Krieg und Frieden berathen ward. Aus Heerführern wurden im Mittelalter Feudalherren, später folgte Despotismus in Russland, Anarchie in Polen. Der Slave ist nicht knechtisch; Bodenstedt hat von ihm bemerkt: „Er beugt sich vor der Macht, das Bücken macht seinen Rücken geschmeidig, aber es krümmt ihn nicht; er fürchtet die Macht wie eine rücksichtslose Naturgewalt, gegen deren zerstörende Wirkungen ein jedes Mittel erlaubt dünkt, aber er verehrt sie nicht, macht sich kein System, um sie als eine Nothwendigkeit zu begründen, die man achten und als berechtigt anerkennen müsse" Ehrfurcht vor dem Alter herrscht im Hause; Väterchen ist der zärtliche Ehrenname, den der Russe seinem Gebieter gibt, Mütterchen nennt er sein Moskau, seine Wolga, seine Schenke auf der Heide.

Vor allem wird die Mutterliebe in den Volksliedern gefeiert. Der gefangene russische Jüngling sendet vergebens nach Freunden, Brüdern und Braut; sie haben anders zu thun, als ihm zu helfen, aber wie seine Bitte zum Ohr der Mutter kommt, da verkaufte sie selbst das goldene Kreuz von ihrem Halse, das sie nie seit ihrer Kindheit abgelegt, um das Lösegeld für den Sohn zu erhalten.

In der Würdigung der Frau unterscheidet sich der slavische Geist von der romantischen Innigkeit des germanischen; jener sah in ihr die Dienerin des Hauses, und gestattete dem Reichen mehrere. Die Braut war dem Vater abgekauft und sah den Ehemann wenig vor der Vermählung. Die altarische Heroensitte, dass das Weib sich mit dem Mann verbrannte, erscheint bei den Slaven, wenn sie vorkommt, weniger wie der Ausdruck des Gefühls untrennbarer Zusammengehörigkeit, vielmehr soll dem Herrn die Untergebene auch im Jenseits nicht fehlen. Indess erfreuen wir uns

---

*) In Folgendem geben wir zum Theil wörtlich die gewiss unparteiischen Ansichten von M. Carrière wieder, welche in seinem vortrefflichen Werke: „Die Kunst im Zusammenhange mit der Culturgeschichte" (erschienen bei Brockhaus in Leipzig 1870) in trefflicher Weise nachgewiesen hat, wie auch die Slaven an dem Tempel der Cultur mitgebaut und an dem bunten Teppich der Poesie, welcher das Kleid der Gottheit ist, mitgewirkt haben.

auch anderer herzlicherer Töne in der Poesie; der Pfad des Daseins ist öd ohne die Geliebte, und es verlohnt sich nur zu leben, wenn wir ihn gemeinsam wandern. Kopitar sagte: Tiefes Gefühl für häusliches Glück und häuslichen Fleiss, dein Name ist Slave!

Die reiche bildsame slavische Sprache hat in den Wortstämmen die Verwandtschaft mit dem Sanskrit deutlich bewahrt, der Bau stellt sie dem Griechischen näher; sie declinirt noch ohne Artikel, sie conjugirt noch ohne Hülfszeitwörter und kann das Fürwort entbehren, indem sie durch Beugung und Abwandlung den Namen nach den mannichfaltigen Beziehungen der Rede gestaltet: sie bedarf keiner Umschreibungen, sie unterscheidet durch die Form des Wortes das Einmalige und Wiederholte, das fertig Abgeschlossene, Verflossene von der noch fortdauernden Handlung; sie hat den Vorzug reiner Vokalendungen und freier Wortstellung. Die Consonanten herrschen allerdings vor, aber weit mehr in der ungeschickten Schreibweise als in der Aussprache. Die Slaven lieben Kehl- und Zischlaute, aber sie mildern die Härte der Mitlaute, und geben dem R und L den Werth von Vocalen, Srb heisst Serb, Wlk, Wolk. Schaffarik sagt: „Wohllaut und weibischer Weichklang einer Sprache sind zwei sehr verschiedene Dinge. Betrachtet man eine Sprache vom philosophischen Standpunkte, so erscheinen die Consonanten als die eigentlichen Zeichen der Gedanken und die Vokale nur als ihre Diener; je reicher eine Sprache an Consonanten, desto reicher an Ideen. Der Wohllaut einzelner Silben ist nur ein particller und sehr relativer; die Harmonie einer ganzen Sprache hängt vom Wohlklang der Perioden, Worte, Silben, Buchstaben ab. Zu viele Selbstlaute klingen aber so unangenehm als zu viel Mitlaute; es bedarf einer verhältnissmässigen Zahl und Abwechselung, um den Wohlklang zu erregen. Selbst harte Silben gehören zu den nothwendigen Eigenschaften einer Sprache, denn die Natur selbst hat harte Laute, welche der Dichter ohne den Besitz solcher kaum wiedergeben könnte. Die reine und entschiedene Vokalisation, die es dem Belieben des Sprechers nicht anheimstellt gewisse Vokale auszusprechen oder zu vertauschen, gewährt den slavischen Sprachen den Vortheil eines regelmässigen Silbenmasses neben dem Accent des Gedankens und der Steigerung der Stimme."

Man pflegt mit Dombrowsky zwei Gruppen der slavischen Mundarten zu unterscheiden, eine südöstliche, zu der die Sprache der Russen, Bulgaren, Serben, Dalmatiner, Kroaten und Slovenzen gehört, und eine nordwestliche der Polen, Böhmen, Wenden. Wie das Deutsche zuerst in der gothischen Bibelübersetzung Ulfilas eine schriftliche Fassung erhielt, so begründeten die Brüder Kyrillos und Methodios im 9. Jahrhunderte gleichfalls durch die Uebertragung des Alten und Neuen Testaments die als kirchenslavisch bekannte Schriftsprache. Ausgehend von der Sprechweise an der Donau, entwickelt noch dem Vorbilde des Griechischen, reich an Wortformen wie an Wurzeln, voll ursprünglicher Kraft und fern von fremdländischem Einflusse und Gepräge ward sie durch das Mittelalter hin gepflegt, und hat sich im Gebrauch der Kirche neben den Mundarten der Völker erhalten, ein Quell schöner und reiner Worte und ein Typus edler Bildung für die poetische und prosaische Darstellung in der Literatur. Das russische zeichnet sich durch die Flüssigkeit und Leichtigkeit aus, mit welcher es viele fremde, mongolische wie schwedische, lateinische wie polnische Worte sich einverleibt und gleich eigenen Wurzeln behandelt; darauf beruht der Reichthum dieser Sprache, die zwar wenige periodische Verbindung hat, aber durch Einfachheit und Natürlichkeit im Satzbau sich auszeichnet. Der Bauer an der Wolga wie die vornehme Gesellschaft in Moskau spricht die Schriftsprache der Nation. Das Polnische ist für die fremde Zunge schwierig durch die verschiedene Aussprache der Vokale und die Zusammenfügung vieler Mitlaute, und hat einen künstlich verfeinerten grammatischen Bau. Die südliche Sonne, die Schönheit der Landschaft hat die Sprache wie die Poesie der Südslaven zur vorzüglichsten Blüthe entfaltet, man nennt sie das Italienische unter den slavischen Mundarten;*) sie steht keiner an Fülle, Kraft und Klarheit nach, und übertrifft ihre Schwestern an Melodie und Wohllaut.

Die slavische Mythologie ist der deutschen und altitalienischen nahe verwandt, zumal sie auch gleich diesen uns nicht in der Fülle der Dichtung und Bildwerke wie die griechische, sondern im Nachklange von Sagen und Bräuchen und in den zerstreuten Berichten der Nachbarn kund wird. Sie hat die freie künstlerische Entfaltung und Gestaltung nicht gefunden, aber ein frommer Sinn hat sich in ihr ausgeprägt. Die arische Ueberlieferung von dem Lichte des Himmels, in welchem das Unendliche und Göttliche dem Gemüthe offenbar und veranschaulicht wird, bildet die gemeinsame Grundlage, an welche ein Sonnen- und Feuercultus sich anschliesst. Man hat die Uebereinstimmung mit der deutschen Mythologie durch spätere germanische Einflüsse erklären wollen, allein sie betrifft nicht blos Einzelzüge sondern die Grundlage, und wenn die Lithauer den Donnergott in Liedern anflehen, dass er den Gothen, den rothbraunen Hund, erschlage, so können sie jenen doch nicht gut von den verhassten Nachbarn überkommen haben. Helmold, der deutsche Chronist des 12. Jahrhunderts, sagt von den Slaven seiner Nachbarschaft: sie haben tausenderlei Götterbilder, viele mit mehreren Köpfen, Schutzgeister, denen sie Feld und Wald, Trauer und Freude zutheilen, aber sie bekennen sich zu Einem Gott im Himmel, der über alle gebietet und als der Allmächtige die himmlischen Dinge besorgt, während er die anderen Geschäfte den ihm untergeordneten Göttern überweist, die ihm entsprossen und um so ansehnlicher sind, je näher sie ihm stehen, — sie sind also Organe seines Willens, Entfaltungen seines Wesens, Personifikationen seiner Eigenschaften. Und ganz ähnlich schrieb der Byzantiner Prokopius im 6. Jahrhundert von den südöstlichen Slaven. Sie glauben an einen Gott, den Schwinger des Blitzes, den Schöpfer und alleinigen Herrn aller Dinge, verehren aber auch Flüsse, Nymphen und andere Mächte, und bringen ihnen Opfer und knüpfen Weissagungen an dieselben. — Dem himmlischen Vater ward die Erdmutter gesellt, deren Namen Dewana sie gleich der Dione und Diana an die Wurzel „die-leuchten" knüpft, von welcher der gemeinsame Name für das Göttliche den Ariern entlehnt ward.

Das Licht steht dem Dunkel, dem Tag die Nacht entgegen, und danach unterscheiden die Slaven weisse Götter, Biel- oder Bilo-bogi von schwarzen Czerno-bogi. Dem Physischen hat sich das Sittliche gesellt, und wenn auch der Gegensatz des Guten, Lichten und des Bösen, Finstern nicht so durchgebildet ward wie von den Iraniern, so zieht er sich

---

*) Goethe sagt im (westöstlichen) Divan: nur die spanische ist der südslavischen Sprache ähnlich.

doch durch die ganze Mythologie der Slaven und lässt dieselbe dem Parsismus stammverwandt erscheinen, während die vielköpfige Symbolik der Göttergestalten an Indien erinnert; aus der gemeinsamen Uranlage sind die ähnlichen Ideen und Bilder erwachsen, nicht von aussen entlehnt. Die slavische Phantasie ermangelt der plastischen Klarheit, und es liegt in ihrem religiösen Gefühl, dass das Göttliche als das Eine über den Gegensatz der Geschlechter erhaben sei; daher finden wir keine scharfe Bestimmtheit der männlichen und weiblichen Natur, sondern die Gottheit erscheint in beiden Formen. Triglaw's Bild wird bald Mann bald Frau genannt, es hat drei Köpfe, um die auf, über und unter der Erde waltende Gottheit zu bezeichnen. Perkun ist männlich bei den Preussen, Perkunatel weiblich bei den Lithauern; Protrimpos wird auch als Allmutter erklärt, Perun heisst zugleich Mann und Weib, Jüngling und Greis. Wir haben Aehnliches bei den kleinasiatischen Scmiten kennen gelernt und, wie bei diesen, nimmt auch eine tiefere Auffassung bei den Slaven das Licht und das Dunkel für zwei Seiten einer und derselben Wesenheit.

Zunächst wird das Dunkel, die Macht des Todes und des Winters in Czernobog personificirt, und in der Gestalt des Boeks, des Drachens, des Wurms er selbst sammt seinen Dämonen, den Schrecken der Nacht, der Kälte, der Unterwelt angeschaut. Der Wirbelwind ist ein Tanz der bösen Geister, der Sturm durchwühlt die Wolken oder erhebt sich aus den Wogen, ein weisszahniger Eber; und alles Böse, Hässliche, Schädliche wird mit den schwarzen Göttern in Verbindung gebracht. Aber das Bewusstsein dämmert auf, dass die Böses wirkenden Gewalten im grossen Ganzen doch und wider ihren Willen dem Guten dienen. Und wie das Sinnenleben selbst ein beständiges Entstehen und Vergehen zugleich ist, so wird auch ein und dieselbe Gottheit jetzt als schaffend, jetzt als zerstörend aufgefasst, sowie sie in verschiedener Hinsicht sich jetzt als strafend, jetzt als rettend erweist. Perkun ist im Gewitter zugleich der zerschmetternde furchtbare Czernobog und der milde segenspendende Bielbog; er ist der Wissende, der das Unrecht straft und das Recht schirmt. So ist Radegast bei den Wenden schwarz und weiss, und der Sonnengott, der holde oberweltliche sinkt selber am Abend hinab in die Tiefe und wird der unterweltliche, der Herr des Todtenreiches. Die Erdmutter ist zugleich die Amme und das Grab des Lebens; ihre beiden Namen in Böhmen, Wesna und Morana, bedeuten Leben und Tod, während ihre polnischen Namen Ziewonia und Marzana auf die Blüthenwelt des Frühlings wie auf die Erstarrung in der Winterkälte hinweisen.

Ueberall in der Natur ahnte und ehrte auch der Slave ein geistiges Walten; Naturgeister lodern und wärmen im Feuer, lassen die Quellen aufsprudeln und wallen auf den Wogen der Ströme dahin; holde Nixen wohnen in den Fluthen, grüne Kränze in den feuchten Locken, und wenn sie die Vorüberwandelnden zum Trunk und Bad einladen, dann sie aber zu sich hinab in die kühle Tiefe ziehen, so enthüllt sich auch in ihnen das dämonisch verlockende Böse wie in den Sirenen. Eine koboldartige Geisterschaar haust in den Bergen, wo sie in ihrem heimlichen Treiben nicht gestört sein wollen. Vornehmlich aber fühlt die sanfte friedliche Stimmung des slavischen Gemüths gleich der indischen sich zur Pflanzenwelt hingezogen. Blumen und Kränze sind die Freude und der Schmuck des Menschen wie das Opfer für die Götter. Der ins Wasser geworfene Strauss wie er dahintreibt, schwimmt oder sinkt, wird zum Orakel für die Liebe und die Lebensdauer. Mit Gesang und Tanz wird die Ernte gefeiert; milde Feldgeister haben ihren Segen gespendet. Die Waldgeister, halb menschlich halb thierisch, aber personificiren mehr die Schrecken und Gefahren des dunkeln unwegsamen Waldes als seine Saftfülle und seine Herrlichkeit. Die Erdgeister ziehen in das Haus, um ihm Glück und Segen zu bringen, aber auch um allerhand Schaden und Schabernack zu stiften. Sie wollen nicht erzürnt sein. In ihnen bleiben die Ahnen den Nachkommen gegenwärtig. Wie im klassischen Alterthum malt man das Bild derselben in Schlangenform an die Wände. Die Riesen- und Zwerggestalt bezeichnet hier das stille Wirken kleiner unscheinbarer Kräfte, dort die plötzlichen und ungeheueren Ausbrüche der Naturgewalt. Menschen können nicht blos durch Zauberspruch in Thiere und Pflanzen verwandelt werden, die Verstorbenen selbst werden zu Geistern der Natur; die Seele fliegt als Vogel in der Todesstunde aus dem Munde des Sterbenden, oder sie schwebt als lichte Wolke am Horizont; in einem alten Liede erblickt das trauernde Mädchen im grünen Ahorn den todten Bruder und in der Eiche den Vater. Tiefsinnig schön ist das serbische Gedicht von dem Knaben und Mädchen, deren Liebe durch die Eltern getrennt worden.

> Durch den Stern liess er darauf ihr sagen:
> Stirb, o Liebchen, spät am Samstag, lebend
> Früh am Sonntag will ich Jüngling sterben!
> Und geschah es also wie sie sagten,
> Spät am Samstag Abend starb das Liebchen,
> Früh am Sonntag Morgen starb der Liebste.
> Beieinander wurden sie begraben.
> Durch die Erde schlang man ineinander
> Ihre Hände, grüne Aepfel drinnen.
> Wenig Monden, und des Liebsten Grabe
> Sich' entsprosste eine grüne Kiefer.
> Und des Mädchens eine rothe Rose:
> Um die Kiefer windet sich die Rose,
> Wie die Seide um den Strauss sich windet.

Die Verschmelzung des Frühlings mit dem Leben, des Winters mit dem Tode zeigt sich wie bei uns in noch uralten Gebräuchen, die bald das Tod- und Winteraustreiben, bald den Kampf von Sommer und Winter darstellen. Der Tod und Winter wird als Strohmann hinausgetragen und verbrannt, ein grüner Maienbaum als Symbol des sommerlichen Lebens aufgepflanzt; die Träger beider oder auch in Stroh und in grüne Zweige eingemummte Burschen kämpfen mit einander bis der Frühling siegt.

Um noch einiges Besondere von verschiedenen Stämmen der Slaven auszuführen, beginne ich damit, dass in den zwei grossen Culturstädten des alten Russlands, in Kiew und Nowgorod, der weisse Gott unter zwei verschiedenen Namen mit vorzugsweiser Betonung einer bestimmten Seite seines Wesens verehrt ward, hier als Znitsch, die Lebenswärme, das ätherische Feuer, dem immerdar ein irdisches brannte, dort als der blitzende donnernde Perun. Vom allumfassenden Himmelsgott hat sich der blaue heitere Himmel abgelöst, Pogoda, ein schöner Jüngling in blauem silberdurchwirkten Gewande, mit blauen Flügeln und blauen Blumen geschmückt. Seine Geliebte ist die Göttin des Lichtaufgangs, die Morgenröthe des Tages wie der schönste Theil des Jahres, Zimsterla, die rosenumgürtete, liliendufatathmende. Kupalo heisst die Sommergöttin, welche im Sonnenbrand die Ernte reift, damit aber auch den Hain versengt und verdorren lässt, Korscha, der auf die Weintonne reitende hopfenbekränzte ist der herbstliche Bacchus der Slaven; die winterliche Zemargla trägt einen Mantel von Reif und Schnee, eine Krone von Hagelkörnern. Hüter der Feldmarken ist Tschurs; über die Hausthiere walten Wolosch und Wokosch, über die Bienen Zosin.

In Romowe, im Centrum von Preussen und Lithauen waren Perkunas, dem höchsten Gotte, Protrimkos und Pikullos gesellt. In Perkunas sind Sonnen- und Donnergott wieder zusammengeflossen; sein Antlitz war feuerfarbig, sein Haupt von einer Strahlenkrone umgeben. Land und Meer, Leben und Tod sind ihm unterthan, und so steht er als Mann in der Mitte zwischen dem jugendlichen Protrimkos, dem Verleiher des Glückes, der Leben und Segen spendenden Schöpferkraft der Natur, und zwischen dem greisen Pikullos, dem König des Todes und der Nacht, der aber das Gestorbene unsterblich bewahrt und die Helden, die er fällt, zugleich zu dem Freudenmahle der Ewigkeit hinübergeleitet. Auch der feurige Sonnengott bedarf des kühlen Bades um sich zu erfrischen, und wie die an der Ostsee Wohnenden die Sonne auf- und untergehen sahen, so ward das Meer zu Perkunas' Mutter, die ihn allabendlich empfängt und in den Wogen badet. Die verschiedenen Phasen des Mondes werden so erklärt, dass die Mondgöttin die Braut des Sonnengottes war, aber heimlich mit dem Morgenstern buhlte und dafür von ihrem Verlobten in Stücke zerhauen ward. Sonst heissen auch die Sterne Kinder von Sonne und Mond. Die Milchstrasse ist der Pfad der Seelen zur Unsterblichkeit, und die Sterne sind die goldenen Punkte, an welche Werpega bei der Geburt des Menschen den Lebensfaden anknüpft, den sie spinnt; wenn der Faden reisst, so stirbt der Mensch und verdunkelt sich oder fällt der Stern. Im Nordlicht und seinen beweglich zuckenden Strahlen erscheint ein Geisterkampf. Die polnische Ausca erinnert auch im Namen an die indische Himmelspförtnerin Uscha, die Morgenröthe. Die Gottheit als belebende Frühlingsmacht heisst den Böhmen Wesna, als Nacht und Tod Marzana.

Der höchste Gott hiess bei den Wenden Swantowit; auf Rügen stand sein Bild, mit vier Köpfen nach allen Himmelsrichtungen schauend, in der Linken das Horn der Fülle und des Segens, in der Rechten den fern treffenden Bogen des strafenden Rächers. Er ist der Allvater, sein Schild das Himmelsgewölbe; er ist der Sonnengott der auf weissem Rosse zum Kampf gegen die Finsterniss reitet und der kundig der Zukunft Orakel gibt; sein Name scheint den heiligen Seher zu bezeichnen. Als der dreihäuptige hiess er zu Stettin Triglaw, der im Himmel, auf Erden und in der Unterwelt Waltende. Vom Morgenlichte, Jutrabog, erhielt das Städtchen Jüterbogk den Namen; der Morgenstern, die Morgenröthe, die aufgehende Sonne waren Zeichen der siegreichen Macht des stets neu aufgehenden Lichtgottes. In dem Volksglauben und in den Liedern der Serben spielt die Wila eine Hauptrolle; sie ist bald Schicksalsgöttin, bald Nymphe; jung und schön mit fliegendem Haar, im weissen Gewand, bald auf windschnellem Rosse reitend, bald mit den Töchtern und Schwestern singend und tanzend, bald liebevoll theilnehmend, bald lieblos schadenfroh in Bezug auf den Menschen, wie er ja Lust und Schmerz aus der Hand der Natur empfängt. Die Wilen versammeln die Wolken und beherrschen das Wetter, sie holen die Helden ab in die Unterwelt oder erlegen sie mit ihren Pfeilen, walkürenhaft, und sind dann auch wieder hülfreiche Bundesschwestern derselben. Unheimlich ist die lithauische Pestjungfrau, aber unheimlicher noch der Vampyr, eine Ausgeburt südslavischer Phantasie, die von dort aus in die nachchristliche griechische Literatur gekommen sein mag; Verstorbene, die im Grabe noch fortleben, kommen aus demselben auf die Oberwelt und saugen den Lebenden das Blut aus.

Die Götter wurden auch bei den Slaven ursprünglich auf Höhen und in Hainen verehrt. Wie bei den Germanen war der Baum ein Sinnbild des Lebens, und die Eiche dem Donnergott heilig, wie zu Romowe, wo um den gewaltigen Stamm ein Raum durch Vorhänge als besonderes Heiligthum abgegrenzt war. Swantowit's Bild stand in späterer Zeit in der Mitte von vier Säulen, die gleichfalls als Vorhänge miteinander verbunden waren, während Holzschranken mit Schnitzereien ein äusseres Quadrat umzäunten. Geopfert wurden nicht blos Blumen und Früchte, auch Thiere, deren rauchendes Blut der Priester trank, um sich zur Wahrsagung zu begeistern, und bei wichtigen Angelegenheiten selbst Menschen, so kriegsgefangene Feinde am Beginn oder Ende des Kampfes. In Lithauen hatte sich das Priesterthum der Waideloten unter einem Oberhaupt, dem Kriwe, ausgebildet; es war Sitte, dass der hochbetagte Oberpriester sich selbst zum Opfer brachte; indem er das Volk zur Busse mahnte, verbrannte er sich und stieg in den Flammen zu den Göttern empor. Vom Blitz erschlagen zu werden galt für eine besondere Gnade, so rief der Himmelsgott die Seinen selber zu sich. Den Todten pflegte man alljährlich einmal um Mitternacht auf dem Leichenfelde einen Tisch mit Speisen zu decken und sie zum Mahle einzuladen, wobei indess der sie in dichterischer Sprache Beschwörende die Unterdrücker der Armen und die Verräther hinwegscheuchte. Neben dem immerlodernden Feuer der grossen Opferstätten, welches das himmlische göttliche Licht veranschaulichte, war auch das Wasser geweiht als ein Element der Fruchtbarkeit wie der Reinigung. Ein Beispiel symbolischer Handlungen gibt uns der serbische Brauch, zur Zeit der Trockenheit ein Mädchen mit Gras und Blumen zu umwinden und mit Wasser zu begiessen; so soll Regen vom Himmel auf die Erde strömen. Das Mädchen heisst Doda, und ihre Begleiterinnen singen:

> Zu Gott fleht unsere Doda
> Dass Thauregen niederthaue,
> Dass nass werden alle Aecker.
> Alle Ackrer, alle Graber,
> Selbst im Hause alle Knechte.

Die Sonnenwenden feierte man mit Spiel und Tanz, mit dem Sprung durch das reinigende Feuer; am Frühlingsfest versinnbildlichten farbige Eier das nun neu hervorbrechende blühende Leben; sie haben sich am christlichen Ostertag erhalten.

Der steigende Handelsverkehr und der dadurch gewonnene Reichthum führte in den slavischen Städten auch zu Götzenbildern, doch blieb die eigene Kunst in rohen Anfängen, und man hat Denkmäler gefunden, deren Inschrift durch griechische Buchstaben auf byzantinische Werkmeister hinweisen. Als die Russen das griechische Christenthum angenommen, wurden von Wladimir und seinen Söhnen in byzantinischem Stil mit Hülfe griechischer Arbeiter Kirchen erbaut; selbst das Material des Marmors und der Glasmosaiken ward aus der Fremde eingeführt. Die Grundform ist quadratisch mit einer Kuppel über der Mitte, die übrigen Räume durch Tonnengewölbe bedeckt; eine Seite hat eine dreifache Chornische; an den drei anderen sind Eingangsthüren. Bald nachher liebte man es vier kleinere Kuppeln um die grosse in der Mitte zu stellen und so auch nach aussen die Kreuzform sichtbar zu machen. Während das westeuropäische Mittelalter im romanischen und gothischen Stil eine Fülle individueller Mannichfaltigkeit in eigener Schöpfung zeigt, hielt das nachahmende Russland die erwähnten überkommenen Formen beständig fest und gab ihnen nur den Zusatz des nationalen Walmdachs, das im Häuserbau üblich war, indem von den vier Mauern schräg aufsteigende Dreiecke sich pyramidalisch in einer gemeinsamen Spitze vereinigen. Durch dies Walmdach brachen aber ohne alle organische Vermittlung die Kuppeln auf den Ecken und in der Mitte hindurch, und wurden, um mächtiger hervorzutreten, durch einen trommelartigen Unterbau erhöht.

Der Ausspruch des Czechen Kollar ist berühmt geworden: alle Völker Europas hätten schon ihr Wort gesprochen, jetzt sei die Reihe, es zu führen, an den Slaven. Wir müssen es der Zukunft überlassen, ob die Slaven ihre Herolde und Führer werden, ob sie das erlösende, befreiende, weiter gestaltende Wort für die Menschheit reden, indem sie zugleich ihr eigenes Wesen zu klarem Bewusstsein, zu voller Verwirklichung bringen, und erinnern mit dem grossen polnischen Dichter Mickiewicz daran, dass in Religion, Sitte, Thaten und Volksliedern allerdings schon eine beachtenswerthe Lebensäusserung des slavischen Geistes vorliegt. Seiner Natur nach ist derselbe weniger auf Anschauung, auf die bildende Kunst, als auf Innigkeit des Gefühls, auf Musik und Poesie gestellt. Bauten, Statuen, Gemälde der andern Völker, sagt der Czeche Ludewit Štúr, sind bei den Slaven in Töne, Stimmen und Lieder zerflossen. Wie die Lieder sich durch tiefe, stille Empfindung auszeichnen, so ist es besonders die Melodie, welche dieser den rechten Ausdruck verleiht. Freude an der Musik und Anlage für dieselbe ist ein Grundzug des Slaventhums. Der passive weiche Sinn, das umschleierte Gemüth gibt sich hier vornehmlich in Molltönen kund; es ist die Wonne der Wehmuth, was uns in ihren Melodien so rührend ergreift. Der Gedanke selbst wird im Worte wie ein Seufzer der Seele leise hingehaucht, und wir sehen wie es so häufig der Schmerz ist, welcher das Gemüth treibt, sich gerade dadurch einen Trost im Leide zu suchen, dass es ihn künstlerisch gestaltet. Nun versenkt sich um der Schönheit der Darstellung willen das Herz mit einer eigenthümlichen Lust in die Süssigkeit des Grams; das Leid löst sich im Lied, es wird selbst zum Wohllaut. Und wie in aller Poesie ein musikalisches und plastisches Element liegt, im Vers und in der Bildlichkeit der Rede Form gewinnt, so tritt uns bei den Slaven vornehmlich jene Weise des Volksliedes entgegen, dass das gepresste Herz für sich das klare Wort nicht finden kann, aber ein Naturgegenstand, eine äussere Erscheinung ihm zum Symbole des Gemüthszustandes wird, der sich selber erst an jenem erkennt, und darum sich sinnbildlich darin andeutet, oder das Naturbild zum Ausgangspunkte nimmt, um an ihm sich zum selbstbewussten Ausdruck der Innerlichkeit emporzuarbeiten. Wir finden diese Weise in China wie in Deutschland, nirgends aber dient sie so sehr zum Stilgepräge wie im slavischen Volksliede. Freilich wäre es eine langweilige Eintönigkeit, wenn sie überall herrschte, eine Pedanterie der Form, die mehr dem absterbenden Alexandrinerthum der Kunstdichtung, als der ursprünglichen Frische der Naturpoesie zukommt; gar oft ist auch das Lied der herzliche schlichte Ausdruck eines Gedankens oder ein abgerissener Stimmungslaut wie ein Aeolsharfenklang, gar oft fängt die Erzählung unmittelbar mit der Sache selbst an, oder der Dichter stellt auch den Naturerscheinungen das menschliche Leben entgegen, das noch mehr ist als sein Spiegel in der Aussenwelt. Ein altrussisches Volkslied beginnt mit der Birke, die schlank und weiss emporwächst zwischen zwei hohen Bergen, wo sie die Sonne nicht wärmt und die Sterne kein Licht auf sie streuen, wo nur der Wind sie bewegt und der Regen begiesst, und geht von ihr über auf das Mädchen, das einsam zwischen den Nachbarn aufspross und doch unter den Jungfrauen die schönste, die heiterste war; aber ihr Geliebter liegt im Sterben, und nun wird ihr keine Freude mehr, sondern nur Thränen, bis der Tod sie mit ihm vereint.

Bekannt ist durch Goethe's Nachdichtung der Anfang des morlackischen Klagegesangs, der die in Serbien beliebte Fragform hat:

> Was ist Weisses dort am grünen Walde?
> Ist es Schnee wohl oder sind es Schwäne?
> Wär' es Schnee, es wäre weggeschmolzen.
> Wären's Schwäne, wären weggeflogen.
> Ist kein Schnee nicht, es sind keine Schwäne,
> 'S ist der Glanz der Zelten Asan Aga's.

Ein bei allen Slaven beliebter Rhythmus ist der vierfüssige Trochäus; der Reim stellt sich in alten Zeiten manchmal mühsam ein, neuere Lieder verwerthen ihn auch als regelmässiges Kunstmittel. Der Grundton der slavischen Lieder ist melancholisch, jungfräulich zart, ein sinnender Ernst, eine sentimentale Wehmuth; doch fehlt es auch nicht an frischen und kecken Empfindungslauten naiver Sinnlichkeit, und die Jugendkraft ergiesst sich in jovialer Frische. Indess bleiben Unverschämtheit und Gemeinheit fern, sammt jener Mischung tugendhafter und lasterhafter Gefühle, die immer das Zeichen der gleichmässig entarteten Sitte und Kunst ist.

Ein Jüngling, der seine entfernt wohnende Braut besuchen will, singt im Kahne folgendes Lied:

> Oj talasi mili ejte,
> Camac dalje moj tjerajte!
> a ti vihru daje nemoj!
> put je danas dalek moj.

> Oh ihr Wellen kommt heran,
> Treibet weiter meinen Kahn!
> Stürme höret auf zu weh'n!
> Habe heut noch weit zu geh'n.

Auf lustige satirische Weise wird die Thierwelt in das menschliche Treiben in jenen Hochzeitliedern hereingezogen, deren Frischestes Herder bereits aus dem Wendischen mitgetheilt:

> Wer soll Braut sein?
> Eule soll Braut sein.
> Die Eule sprach:
> Ich bin ein sehr grässlich Ding,
> Kann nicht die Braut sein.

Der Zaunkönig soll Bräutigam sein, entschuldigt sich mit seiner Kleinheit, die Krähe Brautführer — ist ja zu schwarz, — der Wolf Koch, — ist selbst zu gefrässig, der Hase Einschenker — ist zu zappelig, der Storch Spielmann klappert mit dem Schnabel, und der Fuchs bietet endlich seinen Schwanz zum Tisch.

Heldenthum und Liebe sind der Inhalt der Volkspoesie; die Germanen, zugleich voll Kraft und Gemüthstiefs, haben beides ineinander gearbeitet, der thatkräftige Hellene hat das männliche Epos, der passivere Slave die weibliche Lyrik vornehmlich gepflegt. Das plastische Compositionstalent des selbstbewussten Geistes führte in Griechenland früh zu einem grossen Kunstganzen; dies fehlt den Slaven, aber die Naturlaute des Gefühls erklingen wie Vogelgesang im Worte und die Lieder sind voll Duft und Farbe den wilden Feldblumen gleich. Der Duldmuth der Slaven findet seinen Lohn auch in der zartsinnigen Empfänglichkeit für die kleinen Reize des Lebens, die durch die tiefgemüthliche Auffassung werthvoll werden. Ein Ausspruch von Görres' kann hier Anwendung finden: „Während die grossen epischen Ströme den Charakter eines ganzen weit ausgedehnten Ufergebiets widerspiegeln, sind diese kleinen lyrischen Ergüsse die Quellen und Brunnen, die mit ihrem Netzwerk von Bächen das ganze Land bewässern und tränken und seine innersten Geheimnisse an den Tag bringen, die Bewegungen seines geheimsten Herzblutes offenbaren."

An den lithauischen Dainos oder weltlichen Liedern rühmte schon Lessing den naiven Witz, die reizende Einfalt, und führte sie zum Beweise an, dass Poesie eine Naturgabe sei. Rhesa und Nesselmann haben sie gesammelt und übersetzt. Ihnen verwandt sind die Lieder der Letten, die ihren zarten sanften Ton auch daher haben, dass hier vornehmlich die Mädchen und Frauen singen. Noch klingt das Heidnische mild wehmüthig nach. Wenn der Morgenstern der Sonne Feuer anzündet, der Abendstern ihr bettet, so ist sie selber die liebe Gottestochter, oftmals fern in den langen Nächten; aber dann weilt sie hinter dem See und hinter dem Hügel, wo sie arme Hirten wärmt und über verwaiste Kinder wacht. Ein schwarzer Rabe bringt vom Schlachtfelde, wo man Zäune aus Schwertern flocht, der Braut die weisse Hand mit dem Ring des gefallenen Geliebten, und drei Schwäne setzen sich auf sein Grab, Mutter, Schwester und Braut. Ulmen und Rauten wachsen im Garten und klagen mit dem Mädchen um seine jungfräulichen Tage. Treu ist die Liebe des Herzens, rein wie das Wasser der Quelle. Das Mädchen gelobt dem Jüngling die Frühlingsblumen zum Strauss, er ihr die Aepfel des Herbstes zur Liebesgabe. Wohl träuft der Kranz der Locken und rostet der Ring am Finger vom Schweiss der sauren Arbeit; aber der Jüngling kommt geritten über die Haiden an den Seen vorüber, um sie zu holen, die es ihm angethan mit den sanften Augen.

Auch aus Polens Vorzeit klingen Volkslieder zu uns herüber in ähnlichem Tone, doch mit mehr Anlehnung an die kriegerischen Geschicke der Nation. Ihre Tänze, bald anmuthig behaglich, bald kühn im Schwung, wurden von Gesängen begleitet, deren Melodie sie lenkte, deren Text häufig aus dem Stegreif gedichtet ward, wie die Gelegenheit es mit sich brachte. Hören wir eine Liebeswerbung:

> Schönes Mädchen, liebes Mädchen,
> Warum willst du mich nicht lieben?
> Ist mein Pferd mit Gold beschlagen
> Und gezirt mit grossen Perlen,
> Und ein Herz hab' ich im Busen
> Mehr als Gold und Perlen werth.
> Und es weint und spricht das Mädchen:
> Ach ich möchte wohl dich lieben,
> Doch du ziehest in die Schlacht,
> Und die goldnen Hufe wird
> Deinem Pferd der Türke nehmen,
> Und die Perlen, deine Perlen,
> Wird er seinem Mädchen bringen,
> Und dich selber mit dem Pfeile

> Wird er tödten im Gefecht,
> Deinen wunden Kopf dann wird er
> Hinter seinem Pferde schleifen,
> Ach und dann dein schönes Herz
> Hin zum Frass den Raben werfen.

Ein galizisches Liedchen ist in seiner Einfachheit von so wunderbarer Tiefe, dass man Aehnliches erlebt haben muss, um seinen Werth und seine Wahrheit ganz zu ermessen.

> Weiss bist du, mein Mägdlein,
> Kannst nicht weisser mehr sein!
> Warm lieb ich dich, Mägdlein,
> Kann nicht wärmer mehr sein.

> Als sie todt war, mein Mägdlein,
> War viel weisser sie noch,
> Und ich lieb' sie, ich Armer,
> Viel wärmer dann noch.

Von der donischen Steppe hat ein polnischer Dichter gesagt, dass dort die Ueberlieferung keinen Stein finde auf dem sie ausruhen könnte, ja nicht einmal einen Baum zum Anlehnen. In unzugänglichen Schlupfwinkeln fanden sich dort beim Einbruch und unter der Herrschaft der Tataren Männer zusammen, welche in kriegerischer Gemeinschaft von der Beute lebten, die sie dem Feinde räuberisch abgewannen, und als Kosacken, d. h. als unabhängige Kämpfer den Streit mit den Unterdrückern fortsetzten und ihre Freiheit errangen. Vor seiner Rohrhütte sitzend lässt der Kosack den Blick über die Ebene schweifen, die Erinnerung erwacht in seiner Seele und ihre Stimmungen und Bilder werden zum Gesange. Heimath- und Familienliebe, inniger Natursinn weht in diesen Liedern, und es ist merkwürdig, wie bereits ihr Uebersetzer Bodenstedt hervorhebt, dass sie nicht den erwarteten kecken heitern Ton der Kampflust und Siegesfreude anschlagen, vielmehr in Trauerklagen über verlorene Schlachten und erschlagene Genossen ausklingen.

Auch die Russen sind ein singendes Volk und begleiten die Lebensereignisse von der Wiege bis zum Grabe mit Liedern, die zwar von Geschlecht zu Geschlecht leise Aenderungen erfahren, aber in der Hindeutung auf heidnische Götter und Gebräuche die Abkunft von dem grauen Alterthum erkennen lassen. Von den tönerichen ausdrucksvoll sanften Melodien sagten die Aschantees auf die Frage, wer sie componirt habe: Sie wurden gemacht, als das Land gemacht wurde. Talvj weist auf die unerschöpfliche Fülle zärtlich schmeichelnder Wörter hin, Verkleinerungswörter, welche die Liebe für die ihr theuern Gegenstände erfindet; strahlende Sonne, holder Mond, weisser Schwan, wechseln mit Herzchen, Seelchen. Die Russen sind im Alltagsleben leicht ergötzte joviale Leute, aber gerade ihre Festtagsstimmung ist ein süsses Sinnen, ein träumerisches Schwelgen in weichen Gefühlen, und das wird ihnen zum Gesang, der sie magisch der Seele rührt, der ihnen die Last der Stunde tragen hilft und die saure Arbeit versüsst, wenn er von ihrer Lippe tönt. Dem Gesang und Spiel des greisen Sängers lauschen nicht blos die Wellen des Flusses, auch die Ufer bewegen und neigen sich zusammen, dass er hinübergehen kann. Seinen Duldmuth hat die Tatarenherrschaft wie der Druck einheimischer Gewalthaber grossgezogen, und mit stiller Resignation folgt der Russe dem Spruch des Zaren oder dem Willen der Eltern; aber es bricht ihm mitunter das Herz dabei, wie im Abschiedsliede:

Bleibe, mein Lieb, nicht mehr spät am Abend wach,
Brenne nicht mehr die Kerze aus Jungfernwachs,
Harre du nicht mein bis zur Mitternacht.
Ach dahin schon ist unsre schöne Zeit,
Unsre Freude hat der Wind verweht,
Hat sie zerstreut übers weite Feld.
Mein lieb Väterchen hat es so gewollt,
So befahl es mein lieb Mütterchen,
Dass ich mir zur Frau nähm ein anders Weib.
An dem Himmel brennen nicht der Sonnen zwei,
An dem Himmel leuchten nicht der Monde zwei,
Und nicht zweimal liebt des wackern Jünglings Herz.
Doch will ich nicht trotzen meinem Väterchen,
Und will gehorchen dem lieben Mütterchen; —
Will mich schon vermählen wohl mit anderm Weib,
Mit der Todesjungfrau, mit dem frühen Tod.
Da zerfloss in Thränen die schöne Maid,
Flüstert' ihm in Thränen zu das schöne Wort:
Ach du Liebster mein, Herzenstrauter mein,
Ich auch mag nicht länger wohnen in der weissen Welt
Ohne dich, mein süsser Hoffnungstern!
Findest nicht ein Täubchen, das zwei Tauber hat,
Nicht die Schwänin, die zwei Schwäne hat,
Werden auch wir zwei Herzensliebste nie. —
Und sie bleibt nicht mehr spät am Abend wach,
Doch hell brennt die Kerze aus Jungfernwachs,
Auf dem Tische steht blank ein neuer Sarg,
In dem Sarge drin liegt die holde Maid.

Mit wehmüthigem Entsagen ruft ein anderes Mädchen dem Geliebten nach:

Glücklich sei im Arm der Auserwählten!
Liebt sie mehr dich als ich selbst dich liebte.
Dann vergiss mein! doch liebt sie dich minder,
Schöner Jüngling, wirst du mein gedenken!

In alten Heldenliedern sprudelt die Lust an Ueberschwenglichem. Zwei Recken haben Eisenschwerter und Eichenkeulen aneinander zerschmettert, da packt Warwar den Gigin und wirft ihn bis über die Wolken, worauf Gigin hart auf den Boden fällt, sehr zornig wird und den Warwar ergreift und ihn bis über die Sterne schleudert, so hoch und weit, dass er noch immer in der Luft schwebt. Und der dreijährige Knabe Dula fängt sich im Walde den Wolf und den Bären zu Spielgesellen und schwingt sich sammt ihnen auf des Adlers Rücken, und singt dem Adler den Befehl zu, ihn zu tragen über Land und Meer, zur Sonne und zu den Sternen, in den allerfernsten Himmel und noch tausend Werste weiter.

Auch in Russland ist die Göttermythe vom Himmel und der Erde herabgestiegen und hat sich mit geschichtlichen Ereignissen zur Heldensage verwoben. Wladimir, der Zar von Kiew, der um das Jahr 1000 sein Volk zum Christenthum überführte, ward der glänzende Mittelpunkt derselben wie Karl der Grosse und wie Artus. Hatte dort der Gott Perun früher leuchtend gewaltet, so heisst Wladimir nun selbst die helle freundliche Sonne von der weissen Stadt Kiew, die Helden scharen sich unter ihm wie einst unter dem Himmelsgott die andern geistigen Mächte oder Naturkräfte. Das böse finstere feindliche Princip steht ihnen in Gestalt von Drachen, Schlangensöhnen, Räubern, schwarzen Zauberern gegenüber. Aber die Heldenlieder sind vereinzelt geblieben und nicht von einem organisirenden Genius zum einheitlichen Epos gestaltet worden. Dafür indess erhielten sie sich bis auf die neuere Zeit im Volksmunde, und wurden von naiven Menschen geglaubt und gesungen durch die Jahrhunderte; die Ebene mit ihren unabsehbaren schwach-wellenförmigen Linien brachte auch eine Ebenmässigkeit in geistigen Dingen mit sich, keine ritterliche Bildung schied sich von der bäuerlichen der Landgemeinde, während in Deutschland die alte Ueberlieferung nur in der Märchenform forterzählt wurde

von Geschlecht zu Geschlecht, nachdem im Mittelalter das Volksgut von den Geistlichen und Rittern in die Formen ihres Lebens und Denkens gegossen war.

Der Bauernsohn ist der eigentliche Nationalheld des Slaventhums, Ilja von Murom in Russland wie Piost in Polen, Przemysl in Böhmen. Und dass der Slave von Haus aus passiv des Anstosses von aussen bedarf, wie ihn Peter der Grosse den Russen gegeben, das drückt die Sage damit aus, dass Ilja von Kindesbeinen an vier Jahre hinter dem Ofen hockt, bis Pilger kommen und eine Schale Wasser zum Trinken fordern; er hat gemeint, er könne nicht gehen und ist verwundert, dass er auf ihren Zuspruch das Wasser holen kann, und als er selber davon getrunken, fühlte er sich so stark, dass, wenn eine Säule von der Erde zum Himmel ginge, und ein Ring an ihr wäre, er den ergreifen und die Erde bewegen und drehen würde.

Für die Weltgeschichte der Kunst sind indess die Südslaven unter allen slavischen Stämmen am wichtigsten; denn bei ihnen hat sich ein epischer Volksgesang schon früh entwickelt und aus der Jugendzeit der Nation bis in die Gegenwart erhalten, und er hat Gedichte hervorgebracht, die historisch und ästhetisch gleich werthvoll sind. Zwischen dem Schwarzen und Adriatischen Meere im Gebirge und seinen Thalebenen auf dem Boden des griechischen Reiches angesiedelt, sind sie von einem Hauch des alten Hellenenthum angeweht, und haben sie zugleich die eigene Sitte treu bewahrt und sich unbezwungen erhalten als Russland den Mongolen erlag, Polen und Böhmen von der abendländischen Cultur beeinflusst wurden; ja Stephan Duschan trägt in der Mitte des 14. Jahrhunderts auf seinen Münzen die Weltkugel mit dem Kreuz in der Hand und nennt sich Kaiser der Romäer. Zwar entschied 1839 die Schlacht auf dem Amselfeld, der Ebene von Kossowo den Krieg mit den Osmanen zu Gunsten der letztern, Serbien musste ihre Oberhoheit anerkennen, Moscheen wurden neben den Kirchen gebaut, aber das nationale Leben weiter nicht beeinträchtigt. Die Landgemeinde und in ihr das Familienhaus bilden seine Grundlage. Das Gefühl des elterlichen und geschwisterlichen Zusammenhanges herrscht vor; man erweitert das Familienband durch einen Freund oder eine Freundin, mit denen man sich auf Tod und Leben verbindet. Auf den Gräbern der Ahnen küssen Jünglinge oder Mädchen einander durch Kränze, die sie dann austauschen, und nennen sich Wahlbrüder, Brüder und Schwestern in Gott. Das Dorf erkiest seine Aeltesten. — Noch ist das ganze Jahr von symbolischen Gebräuchen durchzogen, die an die Zeit erinnern, in welcher das Göttliche dem Menschen vornehmlich in den Naturerscheinungen offenbar wurde und die ihnen den Zusammenhang mit der Natur frisch erhalten. Noch feiert man das Todtenfest im Winter und die Lebenserneuerung des Lenzes am Palmsonntag; noch wirft man Frühlingsblumen in das Wasser, in welchem man badet, und der Refrain der Liebeslieder ist der Name der heidnischen Liebesgöttin Leljo; noch springt man durch das Johannesfeuer, und der Donnerer Elias wird, wie der Himmelsgott der Vorzeit, als Herr des Wetters angerufen. Jedes Haus hat die alterthümliche Gusle, deren Saitenklänge das Singen und Sagen der Lieder begleiten. Vorzüglich sind die Blinden die Hüter und Verbreiter der alten Liederschätze; bei den Versammlungen der Menschen bildet der Gesang die Hauptunterhaltung; die Kundigsten stimmen ihn an. Aber er würzt auch dem Hirtenknaben wie dem Landmann auf dem Felde und den Frauen im Hause die Arbeit. Und so wird das Leben in Freud und Leid von der Wiege bis zum Grabe bei allen Begebnissen von Liedern umklungen und in ihnen abgespiegelt. Ein glücklich gefundenes Bild, eine sinnreiche Wendung geht von Ort zu Ort, die schönsten Gedichte werden allgemein und den Nachkommen überliefert; leise, wie die Sprache selbst, erfahren sie Umbildung und Fortgestaltung im Munde des Volkes. „Die Serbier leben ihre Poesie" sagt Talvj. So wird auch die Geschichte poetisch aufgefasst und durch den Dichter dem Nationalbewusstsein angeeignet. Es ist der überlieferte Ton und die herkömmliche Auffassungsweise, der Stil der Heldensage, der den Sänger trägt und der den Erlebnissen die Weihe der Kunst gibt. Serbische Soldaten, die 1744 bei der Erstürmung Donauwörths waren, sangen ein Lied in 230 Versen darüber, wie es kein deutscher Volksdichter damals vermocht hätte, und wie es in seiner edlen Poesie gar prächtig absticht vor dem dürren Kanzleistil der kaiserlichen Zeitungsberichte. Noch in unserm Jahrhundert hörte der Held Tschunitsch Stojan ein herrliches Gedicht von seinen eigenen Thaten vortragen; er fiel dem Blinden ins Wort und fügte seine Berichtigung sogleich in Versen hinzu, als ihm die Erzählung nicht ganz sachgetreu erschien.

Die Serben selbst theilen ihre Poesie in Frauenlieder und in Jünglings- oder Heldenlieder, da sie für den jungen Mann und den Helden nur das gemeinsame Wort Yunak haben. Die ersten sind dem häuslichen Leben gewidmet, kürzer, ihr Grundton ist zart, heiter und klar, wenn auch die Verheirathung mit einem alten Manne oder ein Streit mit Schwiegermutter und Schwägerinnen oder die Trennung der Liebenden hier und da das weibliche Herz betrübt und die Stirn umwölkt. In der Spinnstube wie beim Wasserholen, auf dem Felde und an Festtagen kommen Burschen und Mädchen zusammen, und ergehen sich gern in den anmuthigen Neckereien der Liebe, bald sinnig und innig, bald schalkhaft und keck, sodass unverschleierte Wünsche und derbe Spässe nicht ausbleiben. Gern knüpft auch hier das Gefühl sich an ein Naturbild. Der Bursche vergleicht das Mädchen der noch unberührten Blume, die er pflücken und küssen möchte, und die Gefällige bietet ihm die Wange, in die er aber nicht beissen soll, sonst wird die Mutter es merken; oder er singt der Geliebten zu:

Du o Seele werde eine Rose,
Ich will mich zum Schmetterling verwandeln;
Flatternd fall' ich auf die Rose nieder,
Alles meint', ich hang' an einer Blume,
Wenn ich heimlich meine Liebe küsse.

Eine Blüthe fällt auf die schlummernde Jungfrau; aber diese singt:

Nicht ist mir der Sinn wie dir gestellet,
Habe nur mein grosses Leid im Herzen.
Freit ein Jüngling mich, ein Greis erhält mich.
Alter Gatte ist ein fauler Ahorn.
Weht der Wind, erschüttert schwankt der Ahorn,
Regen fällt, und mehr und mehr verfault er.
Junger Gatte, eine Nelkenkuospe,
Weht der Wind, — es öffnet sich die Nelke,
Regen fällt, — es glänzt in freud'ger Schöne,
Scheint die Sonne, — roth und röther strahlt sie.

Das Mädchen will den Ackersmann, der wohl schwarze Hände hat, aber weisses Brod ist; es will lieber mit dem Geliebten auf dem Felde unter dem Himmel oder auf dem Moos im Walde, als mit dem Ungeliebten auf weichem Pfühl unter seidener Decke schlafen. Den heimlichen Kuss hat die Wiese gesehen und es der Heerde, die Heerde dem Hirten, der Hirte dem Wanderer erzählt, so dass die Mutter es erfahren, — so wie in neugriechischem Liede der Stern vom Himmel fällt und es dem Meere berichtet, das Meer dem Ruder, das Ruder dem Schiffer, der Schiffer seinem Liebchen davon singt und nun die Gassen von dem verborgenen Glücke widerhallen.

Romanzenartige Gedichte aus diesem Kreise beabsichtigen nicht eine ganze Geschichte, sondern nur eine Scene zu geben; sie sind kleine Gemälde einer besondern Situation, und überlassen das Vorangegangene wie das Nachfolgende der Phantasie des Hörers. Talvj sagt sehr bezeichnend: „Wenn die Darstellung auch nicht das dramatische Leben der deutschen Balladen besitzt, so hat sie doch die scharfbestimmte Form, die vorspringenden Figuren und oft die Vollkommenheit der besten Reliefs der alten Griechen, und behandelt gleich diesen selten wilde Leidenschaften oder verwickelte Handlungen, sondern vorzugsweise ruhige Scenen und meist solche von häuslichem Schmerz oder Glück." Zum Beleg dieser reizenden Plastik diene Göthe's Lieblingsstück:

Uebers Feld hin trug der Wind die Rose,
Trug sie nach dem Zelte hin des Jovo.
Ranko war darinnen und Militza,
Ranko schreibend und Militza strickend.
Vollgeschrieben waren alle Blätter,
Alle das gebrannte Gold vernähet;
Da sprach Ranko also zu Militza:
Sage, liebe Seele, mir, Militza,
Sage mir, ist lieb dir meine Seele,
Oder dünket hart dich meine Rechte?
Aber ihm entgegnete Militza:
Glaub es, du mein Herz und meine Seele,
Theurer ist mir, Ranko, deine Seele
Als die Brüder, wären's alle viere,
Weicher, Liebster, dünkt mich deine Rechte
Als vier Kissen, wären's auch die weichsten!

Die erste Kunde von der erzählenden Volkspoesie der Serben ward dem Westen Europas vor etwa 100 Jahren durch den italienischen Abbé Fortis, der in einer Reisebeschreibung mehrere Gedichte französisch mittheilte; darnach übersetzte Goethe, mit wunderbarer Intuition den Ton des Originals treffend, sodass er für die Nachfolger Vorbild wurde, den Klagegesang der Frau des Asan Aga; Herder übertrug anderes in den „Stimmen der Völker"; und als nun in unserm Jahrhundert der Serbe Wuk Stephanowitz Karadschitsch nach Wien kam und mit unserer Literatur vertraut ward, da erinnerte er sich all der Sagen und Lieder, die er als Knabe gehört, deren viele er von selbst auswendig gelernt, weil er unter ihnen erwachsen war. Er reiste in die Heimath zurück und sammelte nun aus dem Munde des Volkes, namentlich einiger alter Sänger, die nach und nach in vier Bänden veröffentlichten Gedichte. Die schönsten wurden von Fräulein Th. A. L. von Jacob (Talvj) und später von Kapper verdeutscht. Jacob Grimm sprach beim Erscheinen derselben die maassgebenden Worte: „Seit den Homerischen Dichtungen ist eigentlich in ganz Europa keine Erscheinung zu nennen, die uns wie sie über das Wesen und Entspringen des Epos klar verständigen könnte. Wir sehen sich jedes bedeutende Ereigniss bis auf die allerneueste Zeit herunter zu Liedern gestalten, die im Munde der Sänger lebendig fortgetragen werden, deren Dichter niemand verräth. Ton und Weise der neuern Lieder wird aber durch eine unergründliche Reihe der ältern aus mythischer Zeit gleichsam geweiht. Dennoch ist noch alles frisch geblieben, selbst in den ältesten, oder hat sich unaufhörlich verjüngt. Einmischung des Geisterhaften und Abergläubischen zu erhabenen dichterisch kräftigen Motiven findet auch in den jüngsten statt. An edler Haltung und Sprache gebricht es niemals; Wiederholungen epischer Beiwörter, ganzer Zeilen und Sätze erscheinen wesentlich, und doch ist kaum ein Lied, das nicht durch die Neuheit einzelner Züge etwas Besonderes hätte. Wuk hat durch ihre Bekanntmachung einen unvergänglichen Ruhm errungen." In der That finden wir hier vollständig klar, was den Begriff der Volksdichtung ausmacht: ein begabtes Naturvolk, aber noch ohne Verstandesbildung und Reflexion, die Individualitäten noch nicht selbstbewusst und sich selbst bestimmend aus dem Ganzen hervortretend, sondern von seinem Geist, seiner Sitte erfüllt und getragen, die Poesie im engsten Zusammenhange mit dem Leben, seine unmittelbare melodische Stimme.

Es gibt bei den Südslaven, wie Steinthal treffend sagt, eigentlich weniger Volksgedichte wie Volksdichten. Letzteres geht durch die Aufzeichnung in den Besitz der Literatur.

Soweit haben wir, unserem Zwecke entsprechend, die wesentlichen Grundzüge der Poesie und Mythologie der Slaven geschildert. Wir benutzten die auf Seite 12 erwähnte Quelle, auf welche wir dankbar Alle hinweisen, welche der Entwickelung der Cultur bei den verschiedenen Volksstämmen der Erde besondere Aufmerksamkeit schenken.

B. Handel und Verkehr.

Unzweifelhafte historische Zeugnisse bestätigen, dass die Slaven seit undenklichen Zeiten ein sesshaftes ackerbautreibendes Volk waren Daraus folgt von selbst, dass sie mit allen jenen Gewerben und überhaupt Künsten des Friedens bekannt sein mussten, die man sich gar nicht, als getrennt von Ackerbau und bleibenden Wohnsitzen denken kann. Diese ihre natürliche Neigung begünstigte auch sehr die Lage und Beschaffenheit ihrer Wohnsitze, welche die fruchtbarsten Gegenden in sich begriff. Es versteht sich aber von selbst, dass sie ohne Handel nicht bleiben konnten. So erzählt schon Herodot, dass in dem Gebiete der Budinen eine grosse hölzerne Stadt war, die selbst von griechischen Kaufleuten besucht und bewohnt wurde. Nach der Lage ihrer Wohnsitze hatten sie wenigstens einen grossen Theil des Handels zwischen Europa und Asien in ihren Händen, worauf auch selbst Spuren in ihrer Sprache schliessen lassen. Der Handel mit Bernstein ging durch ihre Länder. Mannigfach waren die Produkte, die sie ausführten, z. B. Getreide, Honig, Wachs, Holzartikel, Pelzwaaren (das Wort „Kürschner" ist slavischen Ursprungs, von kèrzno), wofür sie wieder andere Artikel eintauschten. Im 1. Jahrhundert vor Chr. werden wendische, d. i. slavische Kaufleute am baltischen Meere erwähnt. Daher entstanden in grosser Anzahl Handelsstädte, von denen einige, z. B. Winetha, Rethra, Jutina u. s. w. zu den bedeutendsten Städten gezählt werden müssen. Jedem Geschichtskundigen sind noch aus dem späteren Mittelalter die Bündnisse der wendischen Handelsstädte am baltischen Meere bekannt. Alle bedeutenderen Städte in Russland, Polen u. s. w. bestanden schon lange vor Annahme des Christenthums und man muss ihre Gründung bis in die ältesten Zeiten zurückverlegen. Diese Städte waren, wie es die Natur des Landes mit sich bringt, meist hölzern und wurden durch Brände leicht zerstört.

Dass ein solches Volk nicht ohne Schrift und Aufzeichnungen sein konnte, liegt auf der Hand. Ja die Geschichte liefert uns Beweise, dass sie auch von andern Völkern, z. B. Griechen, Skandinaviern, als ein gebildetes Volk angesehen wurden. In den skandinavischen Volkssagen werden die „Wanen", d. h. Wenden, als ein erleuchtetes Volk angeführt. Nach „Wanaheim" schickten die Normanen ihre Götter und Helden, damit sie von dort die Lehren der Weisheit brächten. Von den Wanen nahmen sie mehrere Gottheiten und in ihre Sprache viele Wörter auf.

Es ist bereits erwähnt, dass ein den friedlichen Beschäftigungen nachgehendes Volk auch am Gesange, am Tanze und der Musik Vergnügen finden musste. Was von Theofylaktes von den slavischen Gesandten zu den Avaren berichtet, von den Gesängen slavischer Krieger, dann das Sprichwort zu Beginn des Mittelalters „Slavus saltans" u. a. m., das bestätigt uns das oben Ausgesprochene. Es wäre übrigens kein richtiger Schluss, wollte man dieses Volk als ein feiges, verweichlichtes ansehen, das die Waffen zu führen sich scheut oder gar nicht versteht. Ein eroberndes Volk waren die Slaven nicht, aber ihr Eigenthum wussten sie mit aller Kraft und mit allem Nachdruck zu vertheidigen, wenn es sein musste. Dies bestätigt uns auch Kaiser Mauritius oder Konstantin Porfyrogeneta u. a. Uebrigens lesen wir auf vielen Blättern der Geschichte aller Slavenstämme, dass sie nichts weniger als feig waren. Wir nennen die Kämpfe auf Samos, dann die der Kroaten und Serben gegen die Avaren, die Vertheidigungskriege der Mährer und Böhmen gegen die deutsche Macht, die Kriege zwischen den Russen und Polen u. s. w. Wo sie doch unterlagen, da mussten sie entweder einer eminenten Uebermacht weichen, oder — und das soll nicht geleugnet werden — hatten sie es in manchen Fällen ihren Nationaluntugenden, als z. B.: ihrer zu grossen Sorglosigkeit, ihrer Uneinigkeit, oder wieder ihrer socialen und politischen Organisation zu danken, wonach sie in unzählige kleine Gemeinwesen ohne innern Zusammenhang und ohne Einheit zerfielen und daher leicht eine Beute selbst kleinerer und schwächerer Nationen wurden.

Dies führt uns darauf, dass wir das patriarchalische Leben besonders beachten, das ja in der ältesten Zeit auch die Form des staatlichen Lebens war, und das sich bei den Südslaven (die Slowenen ausgenommen) bis auf den heutigen Tag erhalten hat.

C. Die Hauscommunion.

Sie beruht darauf, dass alle jene, die von einem gemeinschaftlichen Stammvater abstammen, auch beisammen in einer engen Familiengemeinschaft verbleiben, sich dann ihr Oberhaupt wählen und ihm unbedingt gehorchen. Derselbe erhält hierdurch fast das Ansehen eines Herrschers. Dieser Familiengemeinschaft gehört dann auch der Grund und Boden gemeinschaftlich, so dass kein Glied derselben seinen besonderen Besitz hat. Gewinn und Verlust tragen alle gemeinschaftlich.

In den Hauscommunionen der Südslaven bleiben alle Nachkommen beisammen: Grossvater, Vater, Sohn und Enkel mit allen Vettern etc. Manche Communion zählt 100 Seelen und darüber. Jedes verheirathete Paar hat sein besonderes kleines Zimmer, „kiljer" genannt. Die Frauen stehen im Winter um 3 Uhr auf, und kommen in der gemeinsamen

Stube zusammen und spinnen so lange es dunkel ist; das Hecheln und Brechen des Hanfes und Flachses verrichten sie ebenfalls vor Tagesanbruch. Ueberhaupt sind die Frauen ausserordentlich fleissig. Man kann die Dorfschönen täglich sehen, wie sie einen schweren Korb oder Krug auf dem Kopf tragen, worin sich das Essen für die Arbeitsleute auf dem Felde befindet, während sie beim Gehen gleichzeitig die Spindel drehen. (Siehe die Illustration.) Auch beim Besuche des Jahrmarktes kann man sie mit Stricken beschäftigt sehen. Männer und Frauen essen zusammen, die Männer sitzen und die Frauen stehen hinter ihren Männern, während diese zu den Speisen langen. Die Kinder essen getrennt, aber zusammen in einem besonderen Zimmer. Das Hauswesen wird täglich der Reihe nach von einer anderen Frau, „reduscha" genannt, besorgt. Die wichtigste Arbeit ist das Brodbacken, weil es das Hauptnahrungsmittel ist. In grösseren Häusern wird täglich einmal, in sehr grossen zweimal gebacken. Gewöhnlich werden nur zwei Mahlzeiten gehalten, um 9 und 5 Uhr, in der Erntezeit wird aber vier Mal gegessen. Es ist unglaublich, was das Volk in der Erntezeit für Anstrengungen aushält, ohne die Elasticität des Körpers zu verlieren. Eine eigene Aufregung bemächtigt sich ihrer während der Erntezeit. Nachdem man den ganzen Tag in der grössten Hitze gearbeitet, wird Abends Tag um Tag bis tief in die Nacht hinein der Nationaltanz „kolo" getanzt.

Selbst in Russland findet man auch Spuren einer solchen Gemeinsamkeit aber auf ganze Dörfer ausgedehnt, die einen gemeinschaftlichen Grundbesitz haben, an dem alle Gemeindemitglieder nach einem bestimmten Verhältnisse Theil nehmen.

In der österreichischen Militärgrenze sind diese Hauscommunionen gesetzlich anerkannt und unter den Schutz der Gesetze gestellt, aber sie dienen meistens nur zur Beförderung militärischer Zwecke.

In der neuesten Zeit wird die Frage lebhaft ventilirt, ob diese Communionen (zadruge) beizubehalten oder zu theilen sind, und diese Frage muss, namentlich bei der nun eingeleiteten Entmilitarisirung der Militärgrenze, nächstens in Angriff genommen werden. Es werden für die eine und die andere Meinung sehr gewichtige Gründe angeführt, und es ist in der That ungemein schwierig, ein apodiktisches Urtheil zu fällen.

Man kann nicht umhin, besonders auf einen Umstand die allgemeine Aufmerksamkeit zu lenken, der diese Hauscommunionen in einem ganz anderen Lichte erscheinen lässt als wie man sie gewöhnlich darstellt. Es ist das Princip der Association, welches demselben zu Grunde liegt, und namentlich in unserer Zeit durch die Arbeiterfragen eine grössere Bedeutung erhalten hat. Wenn sich auch nicht leugnen lässt, dass diese Volksinstitution reformbedürftig ist, so möge man sich hüten, das Kind mit dem Bade auszugiessen; man möge vielmehr bedenken, dass sie ein kräftiges Mittel ist, den Pauperismus und das Proletariat, wenn auch nicht gänzlich hintanzuhalten, so doch auf die engsten Grenzen zu beschränken.

D. Industrie.

Nach all dem Gesagten erscheint die Frage fast überflüssig, ob die Slaven eine eigene Industrie hatten? Die Gräber aus der Heidenzeit geben uns eine positive Antwort. Könnte eine barbarische Nation all die mannichfachen Gefässe, Schmucksachen, mitunter sehr zierliche, Waffen u. s. w. verfertigen? Nein, denn zu all dem gehört zuerst Erfindungsgeist, dann die Handhabung vielfältiger Geräthschaften, die Kenntniss der Bereitung der Metalle u. dergl. Zudem bezeugt die Wissenschaft, dass man es hier mit Originalarbeiten zu thun hat. Fremder Einfluss, meist griechischer, zeigt sich nur in den Gegenden nördlich vom schwarzen Meer. Je weiter aber gegen Norden und Westen, desto mehr schwindet er, bis er endlich ganz aufhört.

Wir haben auch noch anderweitige Nachrichten, aus denen wir auf eine entwickelte Industrie schliessen können. Boleslaw, der Grosse von Polen, schenkte seinem kaiserlichen Gaste und dessen Begleitung alles silberne und goldene Tischgeräth, was jeden Tag auf dem Tische stand, und viele Pelzwaaren Bei mehreren Gesandtschaften erregten die polnischen Herren Aufsehen durch ihre reichen Anzüge. Die Griechen nahmen viele Slaven als Handwerker und vorzüglich zum Schiffbau auf. Der Umstand, dass auf den Sklavenmärkten Europas in späterer Zeit sehr viele Slaven angeboten und gerne gekauft wurden, zeigt, dass sie zu allen Arbeiten gut zu brauchen und in vielen Industriezweigen geübt waren.

Die wichtigste Industrie der Slaven ist für uns und unser Werk die

E. Haus- und Kunst-Industrie.

Bei den Südslaven weben die Weiber noch immer die für das Haus und die Familie nöthige Leinwand selbst und Niemand trägt eine andere. Alle Kleidungsstücke werden zu Hause verfertigt und namentlich die Stickereien, und der Zierrath mit einer Kunstfertigkeit und einem Geschmack angebracht, der Staunen erregt, um so mehr, als da von keinem fremden Einfluss die Rede sein kann. Man muss diese häusliche Industrie geradezu als das Vermächtniss früherer besserer Zeiten, das sich trotz schwerer Verhängnisse bis auf unsere Zeit gerettet hat, ansehen. Was dabei bemerkenswerth ist, ist der Umstand, dass man oft ganz gleiche Arbeiten, dieselben Motive bei entfernten Slaven, z. B. bei den Russen, antrifft.

Besonders für die Archeologen ist es eine erfreuliche Thatsache, dass die Südslaven treu ihre Ornamentik von Jahrhundert zu Jahrhundert bewahrt haben, welche vor Jahrtausenden mit geringer Aenderung dieselbe war. Gibt man sich an anderen Orten Mühe, den Schutt wegzuräumen, um alte Culturstätten nach Ueberbleibseln alter Kunst zu durchstöbern, so möge man nicht minder das zwar alltägliche, aber wenig bekannte Wunder beachten, dass an der unteren Donau ganze Völker in ihren kunstindustriellen Verrichtungen so leben, wie vor Jahrtausenden ihre Urelfern."

In dem officiellen österr. Berichte über die Pariser Ausstellung von 1867 wurde in der 4. Lief., S. 213 über die Teppiche der Südslaven von meinem Mitarbeiter Herrn Fischbach bereits bemerkt:

Wir haben es hier mit den Ornamenten jener Volksstämme zu thun, die bei der frühesten Völkerwanderung aus Centralasien nach Westen zogen. Irrthümlich wäre es jedoch, wie Semper bemerkt, anzunehmen, dass wir in diesen Kunsterzeugnissen roher Naturvölker den primitiven Entwicklungsgang der Ornamentik suchen dürfen, wie er sich aus dem Instinkte entwickelt hat. Wir haben nur die losgerissenen Spuren von einem grossen Culturvolke, nämlich dem indogermanischen vor uns. Soweit heute die Forschungen gehen, reihen sich nach den Jagypern, Etruskern und Gräko-Italern, die eine spätere Kunstepoche haben, in Europa die Finnen, Kelten, Germanen und Slaven aneinander. Die Einen haben nur wenige Reminiscenzen früherer Bildung mitgebracht und gepflegt, da sie im heimathlosen Herumziehen vielfach verwilderten. Andere bewahrten strenger diese Reminiscenzen, die in späterer Zeit, z. B. unter Carl dem Grossen, mit den Ueberbleibseln der klassischen Kunst und in der Zeit der Kreuzzüge mit Byzanz und dem Orient in Verbindung traten, wodurch neue Formen entstanden sind.

Der Grieche Priscus berichtet über seinen Aufenthalt bei Attila im Jahr 446 und schildert sehr eingehend und mit scharfer Beobachtungsgabe die Sitten und Gebräuche, die er an seinem Hofe und im Lande der Skythen (so nennt er die Südslaven) wahrnahm:

„Kerka,*) die Gemahlin Attilas, wohnte innerhalb einer Umfriedung, in welcher viele Gebäude standen, theils aus geschnitztem und zierlich gefügtem Tafelwerk, theils aus geglätteten Balken, die aufrecht in Entfernungen auseinander gestellt, und mit geschweiftem, zusammenschwingendem Holzwerk gekrönt waren. Diese Bogen fingen am Boden an und reichten bis zu mässiger Höhe.

Ich erhielt Einlass und fand sie auf weichem Lager liegend. Der Boden aber war mit wollenen Teppichen bedeckt, so dass man auf diesen ging. Um sie standen eine Menge Dienerinnen im Kreise und Dienerinnen sassen auf dem Boden in der überund **stickten bunte Farben in feine Leinwand**, welche zum Schmuck den Barbarenkleidern dient. Ich trat heran, begrüsste und gab die Geschenke etc."

Diese Stelle aus einer Reisebeschreibung jener Zeit, die mustergültig zu nennen ist,**) bewahrheitet unsere Annahme, dass die heutige Pflege der Stickerei seit Jahrtausenden an der unteren Donau eine traditionelle ist. Attila zog die vornehmeren Töchter der Vasallen an seinen Hof und zwar zunächst aus seiner nächsten Umgebung, wo er gerade residirte. Dieser Hofstaat der hunnischen Königin füllte die Zeit ebenso mit Stickereien und Plaudern, Gesang und Tanz aus, wie es zum Theil noch heute üblich ist, und nur mit dem Unterschiede, dass die Stickerei als ein sehr nützlicher und wichtiger Theil der Hausindustrie ernster genommen und gepflegt wurde.

In derselben Weise wie damals wird der Flachs gesponnen und die Wolle gekrempelt, wird der einfache Webstuhl aufgerichtet und in der primitiven aber durchaus künstlerischen Gobelintechnik des Einflechtens werden seltsame Muster gewebt. Die Krappfärbung ist die altbewährte ächte und die Intensivität und Wärme der Farbe daher auch die gleiche, wie wir sie bei den Aegyptiern bewundern. Freilich erschreckt gleichsam das an moderne kalte gebrochene Farben gewohnte Auge vor diesen kräftigen Contrasten und nirgends wissen wir diese Gluth von Farben, welche die moderne Umgebung fahl erscheinen lässt, unterzubringen, wenn wir nicht Alles mit derselben kräftigen Harmonie der Farben ausschmücken.

---
*) Kerka ist ein slavisches Wort.
**) Der ganze Bericht ist von Gustav Freitag in seinem Buche: „Bilder der deutschen Vergangenheit", mitgetheilt.

Unverwüstlich durch solides Material sind alle diese Kunstprodukte der slavischen Hausindustrie. Conservativ im weitesten Sinne des Wortes ist der Slave, denn er sucht über das Bewährte hinaus keine Neuerung. Darin liegt der Grund, dass bei einem Ackerbau treibenden und Vieh weidenden Volke das Gute sich Jahrtausende lang erhalten konnte. Der Luxus ist ein gesunder, denn er besteht in den Resultaten einer wohlgepflegten Hausindustrie, in welcher der Hände Fleiss stolz gezeigt wird.

Die Muse der Mädchen und Frauen wird durch Gesang und Sticken ausgefüllt. Auf dem Lande werden täglich in einem anderen Hause Spinnabende, „prelo", abgehalten, wo die Freundinnen sich treffen und ihre Arbeiten besprechen. Auf dem soliden und derben Leinen, welches der feinste und beste Stramin der Welt ist, werden die bunten Fäden in Kreuz- und Kettenstich verschlungen. Die rechtwinklich sich kreuzenden Fäden des Gewebes zwingen das die Stiche abzählende Auge an diejenige Regelmässigkeit der Ornamentformen, welche wir die stilistische nennen. Es entstehen durch die Logik der Technik die Grundformen der Ornamentik, welche für unsere wie für jede Zeit wichtig sind; für Europa aber um so wichtiger, weil es so lange von den Stil-Ornamenten sich entfernt hatte, und der französischen Stillosigkeit folgte. Die Hauptfarben, die wir antreffen, sind die sog. heraldischen Farben: Orange und Gold, Silber und Weiss, Schwarz, Roth, Grün, Blau und Violett. Letzteres wird seltener angewandt. Die Stickerei auf Leinen dient hauptsächlich zur Bereicherung der Toilette und ist sehr edel in den Grundformen. Die Säume der Hemden und Röcke (Scuta), die Verzierungen der Taschentücher, Vortücher (Opreg), Hauben, Schürzen etc. sind höchst originell. Der grösste Luxus zeigt sich in reinen Goldgeweben zu Pantoffeln, Mützen, Gürteln (Ikanika), welche reizende musivische Ornamente zeigen. In den derb gewobenen Gobelinteppichen zeigt der Slave eine Fülle von naiven Ornamentformen, die wir zwar nicht als das höchste in der Ornamentik bezeichnen können, wohl aber als höchst merkwürdige beachten müssen.

Unter den Teppichen (Cilim) unterscheiden wir:

a) Winterteppiche (Zimski), welche plüschartig, so wie die Smyrnaer Knüpfteppiche hergestellt sind.

b) Gobelinteppiche, welche eine starke Zwirnkette und einen bunten Schuss zeigen, welcher, je nach dem Muster, stückweise eingeflochten wird. Letzteres geschieht mit der Hand und können wir uns füglich denselben Webstuhl und dieselbe mechanische Arbeit dabei denken, wie Penelope sie vor den Freiern betrieb.

c) Die Sommerteppiche (letni), welche auf gefärbtem derben Schafwollenstoffe eingestickte Ornamente zeigen. Unter letzteren sind die roth- und orange-gefärbten Teppiche die schönsten und von seltener Farbenpracht.

Die Namen sind höchst naiv aber bezeichnend folgende: 1) Gospodski odgovor = diplomatische Antworte für die sich windenden Mäander-Ornamente (à la grèque); 2) Ikonom und Ripida = streifenartige kirchliche Muster; 3) Sloboda alias pesnicum uglowo = Faust vor den Kopf, d. h. ich kann es unternehmen; 4) Zelena basca = grüner Garten; 5) Bokal = Vasenornamente; 6) Bebka = Menschen- und Thierfiguren.

Eine besondere Rolle spielen bei der Ausstattung der Teppiche die Fransen und Troddeln, ähnlich wie bei den spanischen Geweben. Wo die Hand das Muster des Gewebes herstellt, ist es naheliegend, dass sie auch diese weitere Vollendung der Posamentierkunst gleich besorgt.

Die praktische Verwendung dieser Teppiche für unsere moderne Decoration, die, nebenbei bemerkt, sich von Jahr zu Jahr der orientalischen Farbenpracht wieder zuwendet, liegt für Kunstfreunde darin, dass man sie als Fussteppiche, Bettüberwurf und vor allem als Portièren benutzt.

Das Nähere darüber bringt der Text zu den einzelnen Tafeln, welche zu Nutzen der gesammten Kunstindustrie aller Völker einige der gesammelten charakteristischen Teppich- und Stickereiornamente zeigen. Sie erschöpfen so wenig die Fülle der slavischen Ornamente, wie ein Eimer einen Brunnen. Alle Muster, die wir fanden, waren verschieden. Tausende solche Muster werden jährlich erzeugt. Tausende erfindet die Phantasie der Stickerin ohne Zwang, da sie im festen Gleise der ererbten stilistischen Gesetze sich bewegt. Die Teppiche dienen theils zum Eigengebrauche, theils bleiben sie als Vorrath für Brautausstattungen liegen, so dass man in einem Hause oft 20—30 solcher Teppiche und viele Stickereien vorfindet.

Hier ist eine Quelle guter Ornamente für Europa. Eine Fundgrube, die der Südslave Jahrtausende treu pflegte und jetzt als ein seltenes Geschenk der Vergangenheit wie einen frischen lebensvollen Strauss der seit dem 30jährigen Kriege gesunkenen aber jetzt wieder auflebenden Ornamentik der modernen Civilisation anbietet.

Ausser den Stickereien und Geweben liefert die Hausindustrie an ornamentirten Gegenständen:

1) **Töpferwaaren**, welche sehr edle Formen und einen erstaunlichen Reichthum der Ornamentik zeigen. Wir erkennen in den feinen Conturen die Anklänge griechischer Kunst. Die glasirten Gefässe dienen theils zum Tischgebrauche, theils zum Wasser- und Essentragen und heissen: korsov, Krug für sirec; Essig; vina, Wein; voda, Wasser; Zdila heisst Schüssel; tanjur, Teller; poklopac, Backsturz, welcher, glühend gemacht, über den Teig gestürzt wird.

2) **Schmucksachen in Gold und Silber**. Diese zeigen durchweg die feinste Technik des Filigrans. Die Formen sind streng stilisirt, wie die der Italiener. Die Kunstform in ihrem naiven klaren Ausdruck wiegt vor. Der moderne Schmuck, der mehr gleissnerischen Schein durch Politur und Guillochirung sucht, hat noch keinen Einfluss auf die alte Technik gewonnen.

Fasst jedes bedeutendere Dorf weist seinen Gold- und Silberarbeiter auf, welcher „Kolundjia" heisst. Jedes einzelne Muster, und es gibt deren unzählige, hat seine Benennung, so z. B. krizic, Kreutzchen; dascica, Kettchen; egedica, ovale Form; pleten, Filigran-Flechtwerk; remeke, Meisterstück.

Auf Matten für den Fussboden, Strohgeflechten für Taschen, Kistchen etc, auf Körben, Holzgefässen und Truhen kommen Ornamente vor, die unter dem Namen „Naturhistorische" in den Museen vertreten sind.

Das **Costüm** ist bei den Südslaven bei einzelnen Stämmen verschieden. Wir geben daher nur die allgemeine Tracht der Mädchen wieder und zwar in Verbindung mit der gewöhnlichen Beschäftigung während des Gehens. In der Regel genügt für die Tracht der Arbeiterinnen ein Hemd und eine Schürze von vorn und von hinten. An den Füssen tragen sie die mit Riemen versehenen Opanken. Die Bunda (Schafpelzrock und Mantel) wird im Sommer mit nach aussen, im Winter mit nach innen gerichteten Haaren getragen.

Alle diese Arbeiten unserer Hausindustrie sind ein gemeinsames Eigenthum aller südslavischen Stämme. Nur den Slovenen sind sie fremd, wahrscheinlich ist bei diesen durch die nahe Berührung mit den Deutschen der Sinn für diese Erzeugnisse verloren gegangen, sowie beispielsweise bei den Böhmen der slavische Typus aus demselben Grunde am meisten verwischt ist. — Die Muster und Zeichnungen weichen in den einzelnen Gegenden um ein Geringes ab, so dass man bei genauem Studium die Arbeiten aus der Militärgrenze von jenen aus Bosnien, Serbien, Bulgaren oder Slavonien durch grösseren Reichthum und Wiederholung einzelner Motive unterscheiden kann. Der Grundcharakter ist aber überall derselbe, so dass für den oberflächlichen Beschauer ein Unterschied nicht leicht zu entdecken ist.

Merkwürdig und auffallend bleibt es und verdient hervorgehoben zu werden, das beispielsweise die Magyaren, während sie eine Menge slavischer Worte in ihre Sprache aufgenommen haben, z. B. die Benennung sämmtlicher Wochentage, bei ihnen diese Kunstprodukte keine, auch nicht die geringste Nachahmung gefunden haben. Ihre Kleider sind höchstens mit gewöhnlichen bunten Bändern verziert, ohne irgend eine selbstverfertigte Stickerei. Dieser Umstand ist in so fern von Bedeutung, als er den Beweis liefert, dass der Ursprung dieser Arbeiten nicht in jenem Theile Asiens, wohin die Magyaren zuletzt gekommen sind, zu suchen ist, sondern viel wahrscheinlicher die Reste einer eigenartigen slavischen Cultur sind, welche sich durch Tradition von Geschlecht zu Geschlecht fortvererbt.

Nicht allein die Kunstprodukte, noch mehr das Bauen und Bereiten ächter haltbarer Farben zeigt einen Culturgrad, den das südslavische Volk in anderer Beziehung nicht mehr besitzt. Wahrscheinlich hat sich von dieser alten Cultur nur dasjenige erhalten, welches zu der Eigenart des slavischen Genius in einem besonders sympathischen Verhältniss stand. In der That ist es geradezu wunderbar, wie z. B. ein 15jähriges Mädchen ohne jede Zeichnung aus dem Kopfe ein ganz neues Muster vor fertigt, welches aber im Grundcharakter doch allen übrigen gleich ist. Sammelt man 200 Teppiche, so hat jeder eine andere, jedoch verwandte Zeichnung. Was den Handel mit diesen Teppichen anbelangt, so ist er noch von keiner grossen Bedeutung und meist auf das eigene Land beschränkt. Meine Bemühungen in den letzten Jahren, die Aufmerksamkeit des Auslandes darauf zu lenken, sind auch schon von einigem Erfolg, und verspreche ich mir von der Zukunft noch ein günstigeres Resultat, da in einigen Hauptstädten Europas von nun an die ersten Teppich-Händler auch diese Teppiche vorräthig halten.

F. Schluss.

Man wird nunmehr von der irrigen Ansicht zurückkommen, als ob die Slaven gar keine Vergangenheit oder gar keine selbständige Entwickelung hätten. Man wird aufhören, in wissenschaftliche Fragen die Leidenschaft des Augenblicks einzumischen.

Wir müssen übrigens mit Freuden anerkennen, dass sich diese Anschauung schon Bahn gebrochen hat, und werden aus vielen Ein Beispiel anführen, wie gerecht ein deutscher Schriftsteller über die Slaven urtheilt. Es ist dies Victor Jacobi in seiner Schrift: „Slaven- und Teutschthum in cultur- und agrarhistorischen Studien etc." Hannover 1856. S. 13 und 14., wo er sagt: „Durch derartige Wahrnehmungen (nämlich der altwendischen Eintheilung des Landes in kleine Gaue im lüneburger Wendlande) wird man zu einer hohen Bewunderung des angewendeten Scharfsinnes und Taktes der alten Wenden in einer Zeit gezwungen, in welcher man dieses Volk einer derartigen, man kann sagen, wissenschaftlichen Geistesthätigkeit absolut für unfähig zu halten pflegt. Denn welche Vorstellung wäre wohl nach der Meinung des gebildeten Publikums unserer Zeit barbarisch, um sie nicht auf die mindestens vor 2000 Jahren an der Unter-Elbe lebenden Slaven anzuwenden? Nach dem Totaleindrucke, welcher mir durch detaillirtes Studium der slavischen Niederlassungen geworden ist, kann ich denjenigen nur beistimmen, welche der Meinung sind, dass die Slaven vor unbestimmter, langer Zeit das dortige Land als ein schon sehr civilisirtes Volk zuerst angebaut haben. Auf welches der am Boden haftenden, demselben gewissermaassen als heraldische Urkunden eingegrabenen Monumente ihrer Cultur man auch blicken mag: auf Landeintheilung in Gaue, wesentlich ganz gleiche Form der Dörfer, Flureneintheilung, Vertheidigungswerke, Ortsnamen, — Alles trägt den Stempel einer, wie aus einem Gusse hervorgegangenen meisterhaft den Nagel auf den Kopf treffenden Einrichtungskunst. Alles ist von jener geistvollen Einfachheit und Zweckmässigkeit durchdrungen, welche nichts Ueberflüssiges schafft und nichts Nothwendiges vergisst. In diesem Sinne nenne ich das, für die Fremde so höchst obscure Lüneburger Wendland einen klassischen Stoff zu wissenschaftlichen Studien."

Hierher gehört auch eine andere vortreffliche Abhandlung: „Der Bauernhof in Thüringen etc.", im „Correspondenzblatt des Gesammtvereins der deutschen Geschichts- und Alterthumsvereine." Beilage. Januar 1862.

Wenn wir Slaven so oft den Vorwurf zu hören bekommen, dass wir gegen andere Nationen zurückgeblieben sind, so muss man diesen Vorwurf geradezu dahin berichtigen, dass wir auf dem Wege unserer Entwickelung zurückgeworfen, zurückgedrängt worden sind. Und in der That weist die Geschichte diesen sonderbaren Umstand auf, dass alle Slavenstämme von grossen Katastrophen betroffen wurden, die verderblich auf sie einwirkten; die Südslaven zum Beispiel von der Türkenherrschaft; die Russen seufzten unter dem Druck der Mongolen; die Polen litten unter Kriegen und innerem Hader; für die Böhmen waren die Religionsstreitigkeiten und namentlich der 30jährige Krieg ein fuchtbarer Schlag; die Elbslaven verschwanden fast ganz. Während also andere Nationen sich den Künsten des Friedens hingeben konnten, mussten wir Wache stehen und Europa mit Aufopferung unser selbst schützen.

Wenn man zu obigem Vorwurf auch noch den hinzufügt, dass wir alle Industrie vom Ausland, vom Westen, bekommen haben, so kann man das höchstens für die neueste Form derselben, wie sie in Fabriken und mit Maschinen betrieben wird, gelten lassen; allein wir halten durchaus für keine Schande, von andern zu lernen und uns geistig das Gute von andern anzueignen. Für die Opfer, die wir gebracht, glauben wir auch einen Antheil am geistigen Reichthume Europas beanspruchen zu können.

Die Slavenwelt will ebenfalls aktiv die Weltbühne betreten, treu ihrer Natur, nicht mit den Waffen erobernd, sondern mit dem stillen, gerechten Wunsche, an den grossen Aufgaben der Menschheit als würdige, gleichberechtigte Genossin mitzuarbeiten.

Der im Wachsthum gehemmte Baum der slavischen Cultur will und soll neue Blüthen und Früchte tragen. Die Bildung und Begabung des Volkes ist der fruchtbare Boden für jede Cultur. Weil der natürliche Boden zu ergiebig war, erlosch bei vielen Stämmen die geistige Arbeit, da die physische der Feldarbeit genügte. Das muss anders werden. Jedes Mittel zur Bildung werde benutzt! Das Hauptmittel aber ist die Sprache der gebildeten Völker und nicht umsonst ward den Slaven das so bedeutende Sprachtalent gegeben. Nicht umsonst auch sagt man vom slavischen Handwerker, dass es ihm leicht werde, jede Kunstfertigkeit sich anzueignen.

Mögen diese Worte wie guter Samen auf guten Boden fallen, dass durch wahre Bildung, die allein uns frei macht, der Wohlstand wachse und Achtung und Freundschaft herrsche unter den Nationen.

Essegg, August 1871

Felix Lay.

Nachtrag.

Veranlassung und Zweck der Herausgabe der südslavischen Ornamente.

Nachdem der Herausgeber in eingehender Weise die Culturentwickelung seiner Nation und die eigenthümliche, in einer uralten Hausindustrie wurzelnde Ornamentik der Südslaven geschildert hat, bleibt mir nur noch die Erwähnung der „praktischen Bedeutung und Verwerthung" dieser Ornamente übrig.

Ich muss vorausschicken, dass bereits seit 15 Jahren den südslavischen Geweben einige Beachtung in einzelnen Kreisen geschenkt wurde, zumal seitdem sich die Archeologen für die Ornamentik besonders interessiren. Baurath W. Essenwein, der gelehrte und eifrige Director des germanischen Museums in Nürnberg, ferner Dr. Franz Bock, der berühmte Archeologe und Sammler alter Gewebe, brachten von ihren Reisen nach Ost-Oesterreich viele Gewebe und Stickereien mit, welche in den kunstgebildeten Kreisen Wien's Aufsehen erregten. Ein eifriger Sammler dieser nationalen Kunstschätze ist auch Baron von Burrenstamm (bis 1870 Secretär der schwedischen Gesandtschaft in Wien), welcher in diesen südslavischen Ornamenten eine ganz besondere Verwandtschaft mit der norwegischen und schwedischen Verzierungsweise fand. Von Burrenstamm hatte seine Wohnung mit diesen Teppichen und Stickereien sehr hübsch decorirt. —

Sobald die Kunstindustrie-Bestrebungen Wiens ihren Mittelpunkt in dem dort 1864 gegründeten und seitdem zu grosser Bedeutung für ganz Europa gelangten k. k. Museum für Kunst und Industrie gefunden, begegneten wir öfter ausgestellten Kunst-Industrie-Erzeugnissen von der unteren Donau. Das Directorium des k. k. Museums suchte sowohl 1867 in Paris, sowie sich sonst Gelegenheit bot, solche interessante Objekte für die Sammlungen des Museums zu erwerben.

Indessen war mir als Berichterstatter der k. k. Regierung und der k. k. Wiener Zeitung 1867 vielfache Gelegenheit geboten, auf den grossen Werth der südslavischen Industrie aufmerksam zu machen, ohne dass von anderer Seite (ausser von Herrn Felix Lay) etwas geschah.

Kurz bevor wir diese Zeilen schliessen, erfreute uns in der „Neuen freien Presse" (25. August 1871) ein Aufruf, bei Gelegenheit der Weltausstellung 1873 die Haus-Industrie der unteren Donauländer dem Publikum vorzuführen. Wir citiren aus demselben folgende Stelle:

„Man hat gefunden, dass diese Gegenstände der nationalen Haus-Industrie zum Theil, so wie sie sind, sich vortrefflich in unserem Hause verwerthen lassen, zum anderen Theile zahllose künstlerische Motive enthalten, eben so originell wie einfach naturgemäss, die unserer modernen Decorationskunst völlig abhanden gekommen sind und zu ihrer Erfrischung und Bereicherung dienen könnten. Die moderne Kunst-Industrie, mit ihrem bisherigen Geschmack zerfallen und nach neuen Motiven suchend, findet hier eine lebendige Quelle, die ihr nicht Alles, aber Vieles gibt und dieses in völlig entsprechender Art."

Der Correspondent der „Neuen freien Presse" wusste nicht, dass zur Zeit schon die erste Lieferung südslavischer Ornamente druckfertig war.

Während meines 8jährigen Aufenthaltes in Wien sammelte ich Material zur Herausgabe des Werkes: „Die Ornamentation der Gewebe", (welches bei V$^{\text{ve.}}$ A. Morel in Paris demnächst erscheint). Es war mir dadurch doppelt interessant, dass es heute, während wir den schweren Kampf gegen die Herrschaft der französischen Mode und gegen die Trivialität und Verflachung der Maschinen-Ornamentik ankämpfen, in unserer Nachbarschaft ein Volk haben, welches als eine ursprüngliche nationale Kunst das besitzt, was wir verloren haben und nunmehr in den cultivirtesten Ländern erst durch das mühsamste Studium erlangen, nämlich das Componiren stilistischer Ornamente.

Nun bot mir Herr Lay durch seine Ausstellung in Paris und durch eine Auswahl reichhaltiger Collektionen Gelegenheit, das Geeignetste für ein Werk zu zeichnen, um diese Sachen, die man bisher mehr als Curiosität und als nationalen Aufputz betrachtet hatte, künstlerisch zu verwerthen.

Mein Augenmerk war vor Allem darauf gerichtet, eine „praktische" Publication zu bieten, die nämlich die schnelle und bequeme Verwerthung gestattet. Ich benutzte das Fadennetz, welches jeder im freien Handzeichnen ungeübten Stickerin das Abzählen erlaubt. Welche Bedeutung dieses Abzählen hat, ersehen wir daraus, dass auf ihm die Basis der geometrischen Eintheilung der Stickerei-Ornamente beruht. So zeigen z. B. die Perser und Japanesen im Gegensatze zu den Chinesen, welche durch den fast ausschliesslich geübten Plattstich eine zopfige, willkürliche und mehr figurale Ornamentik haben, die gediegenere Stilistik, weil sie auch ihre Ornamente meistens auf grobem Leinen sticken und dabei die Stiche zählen.

Die beiden Gegensätze, dass die grossen Teppiche ein 8fach grösseres □ und die Leinenstickerei ein 3mal kleineres □ hat, konnten mich nicht abhalten, von der so wichtigen Netzeintheilung abzugehen. Die Phantasie muss sich die Teppiche vergrössert und die feinen Leinenstickereien verkleinert denken.

In Bezug auf die Farbe ist zu beachten, dass die derben Farbeneffekte in grossen Flächen nicht so harmonisch wie in kleinem Maasstabe sind. Einige Proben der naturgrossen Teppich-Ornamente habe ich beigefügt. Auf die Farbengluth der derb contrastirenden Effekte machen wir noch besonders aufmerksam, sowie, dass höchstens die kräftige Färbung der Aegyptier der der südslavischen Ornamente gleichkommt. Ich wage mich jedoch nicht auf das dunkle Gebiet der Völkerwanderungen der Urzeit und überlasse Anderen die Hypothese zu rechtfertigen oder zu verwerfen, dass aus der Urwiege des Menschengeschlechtes die Aegyptier südwestlich und die Slaven nordwestlich zogen. Man darf jedoch annehmen, dass die Südslaven Recepte für ihre vorzügliche Krappfärbung und für ihre Gold- und Silberfädenbereitung mitbrachten. Wichtig ist ferner, dass ihre Ornamentik nirgendwo eine Abschwächung und Verfeinerung der ursprünglichen Originalität zeigt. In der byzantinischen Zeit finden wir sehr feine Goldgewebe mit ähnlichen geometrischen Ornamenten, welche man nach der Grundform des griechischen γ Gammata nennt. Es ist sehr leicht möglich, dass die uralte skythische oder slavische Kunst an der unteren Donau die byzantinische Weberei, welche damals die erste der Welt war, beeinflusst hat. Aehnliche Ornamente der Weberei gingen auf den Gold- und Silberschmuck der uralten Völker über.

Für unsere moderne Kunst-Industrie dürfte der Einfluss der geometrischen Webe-Ornamente ein sehr wohlthuender sein und zwar aus folgendem Grunde: Unsere moderne Maschinen-Kunstindustrie hat fast immer die Aufgabe, nur solche Ornamente zu bringen, welche durch ihren neutralen Charakter überall hinpassen. Nun sind aber die geometrischen Linien und Farbenflächen die Grundformen zu allen Ornamenten, die das Auge stets fesseln, aber nie ermüden, während die einen besonderen Gegenstand abbildenden Ornamente (die repräsentativen) zwar zuerst das Auge reizen, dann aber durch die häufige Wiederholung abgeschmackt erscheinen.

Die Herausgabe der südslavischen Gewebe und Stickereien, der die Publication der Schmucksachen und der Thon-Ornamente etc. folgt, hat also wohl eine unbestrittene Bedeutung für die moderne stilistische Ornamentik. Dass sie zugleich nationale Schätze ans Licht zieht, wird jeden Gebildeten, dem die Kunst über den nationalen Eifersüchteleien steht, erfreuen.

Es wurde bereits erwähnt, dass wir nur einige charakteristische Ornamente aus dem gleichsam unerschöpflichen Brunnen der slavischen Kunst-Industrie reproducirten. Möge uns durch die Theilnahme, welche das Unternehmen findet, gestattet sein, bald die weiteren Lieferungen folgen zu lassen.

Hanau, September 1871.

Friedr. Fischbach.

Verzeichniss der einzelnen Muster.
Lieferung I.

Tafel	I.	Nr. 1.	Teppich. Gobellin-Wirkerei (1/8 der natürlichen Grösse.)
		Nr. 2.	Borte auf einem Handtuche gestickt. (Naturgrösse.)
		Nr. 3.	Gestreiftes Teppich-Muster (1/8 der natürl. Grösse.)
Tafel	II.	Nr. 4.	Borten- und Flächen-Muster nach Stickereien auf Leinen (1/2 der natürl. Grösse.)
		Nr. 5.	
		Nr. 6.	
Tafel	III.	Nr. 7.	
		Nr. 8.	
Tafel	IV.	Nr. 9.	Teppich mit Thier-Ornamenten (Bebka) (1/8 der natürl. Grösse.)
„	V.	Nr. 10.	
„	VI.	Nr. 11.	Teppich. Farbenflecke mit buntem Mittelstück (1/8 der natürl. Grösse.)
Tafel	VII.	Nr. 12.	Teppich mit 4 Vasen-Ornamenten. Aehnliche Ornamente kommen in modernen indischen Stoffen vor. (1/8 der natürl. Grösse.)
Tafel	VIII.	Nr. 13.	Unterer gestickter Saum einer Leinen-Schürze. (Natürliche Grösse.)
Tafel	IX.	Nr. 14.	Stickereien auf Leinen (1/3 der natürl. Grösse.)
		Nr. 15.	
		Nr. 16.	
Tafel	X.	Nr. 17.	Naturgrosse Ornamente der Teppiche.
		Nr. 21.	
		Nr. 18.	Verkleinerte Ornamente der Teppiche.
		Nr. 19.	
		Nr. 20.	

Nr. 21 des Titelblattes zeigt eine Einfassungsborte eines bunten Sommerteppichs.
Nr. 22 auf der Rückseite des Umschlages zeigt Ornamente der Leinenstickerei.

Lieferung II.

Tafel	XI.	Nr. 23. Buntstickerei auf weissem Leinen mit Silberfäden, Ornament einer Schürze in 2facher Vergrösserung.
Tafel	XII.	Nr. 24. Stickerei auf weissem Leinen, Brustlatz eines Hemdes in 3facher Vergrösserung.
Tafel	XIII.	Nr. 25. Wollene Schürze mit bunter Stickerei (1/5 der natürlichen Grösse.)
Tafel	XIV.	Nr. 26. Stickerei auf weissem Leinen in 2facher Vergrösserung. Diese Ornamente dienen als Besatz und Verzierung der Hemden an Brust und Schulter. Nr. 27. Teppichborte (1/8 der natürl. Grösse. Nr. 28, 29, 30. Stickereien auf weissem Leinen in natürlicher Grösse
Tafel	XV.	Nr. 31 und 33 Teppich in Gobellin-Wirkerei (1/8 der natürlichen Grösse.) Nr. 32. Stickerei auf Leinen.
Tafel	XVI.	Nr. 34, 35, 36. Teppich-Ornamente in natürlicher Grösse.
Tafel	XVII.	Nr. 37, 39. Ornamente von bestickten wollenen Schürzen Nr. 38, 40, 41, 42 Stickerei auf weissem Leinen in natürlicher Grösse.
Tafel	XVIII.	Nr. 43, 44, 45. Stickerei auf weissem Leinen als Besatz (1½ der natürlichen Grösse.)
Tafel	XIX.	Südslavischer Schmuck. Nr. 46. Brosche. Nr. 47 Ohrgehänge. Nr. 48, 49, 50, 51. Ohrgehänge. Nr. 52, 53. Ringe. Nr. 54, 55, 56. Ohrgehänge.
Tafel	XX.	Südslavischer Schmuck. Nr. 57, 58, 59, 60, 61, 62, 63, 64. Ohrgehänge. Nr. 65. Halskette mit Münzen.

Druckfehler-Verzeichniss.

Seite 16, Spalte 2, Zeile 44 lies „vihro" statt vihru.
„ 18, „ 2, „ 38 lies „1389" statt 1839.
„ 20, „ 1, „ 18 ist zu bemerken „Eben werden von F. X. Kuhac in Agram die zahlreich gesammelten Melodien herausgegeben."
Seite 21, Spalte 2, Zeile 62, lies „Donau und Save".
„ 22, „ 2, „ 38 lies „Kanika" statt „Kanika"
„ 23, „ 1, „ 58 lies „Ort" statt Dorf.
„ 23, „ 2, „ 5 ist einzuschalten: wird „von Männern" etc getragen.
Seite 23, Spalte 2, Zeile 2„ lies Bulgaren, Kroatien oder Slavonien.
Seite 23, Spalte 2, Zeile 37 lies „woher" statt wohin.

Anmerkung.

Eine umfassendere Fortsetzung dieses vorläufig in 2 Lieferungen abgeschlossenen Werkes ist in der nächsten Zeit zu erwarten. Unablässig mit dem Sammeln der interessantesten Gegenständen der südslavischen Haus-Industrie beschäftigt, setze ich voraus, dass diesem Werke die zur Fortsetzung nöthige Theilnahme geschenkt wird, welche es vom patriotischen wie vom kunstgewerblichen Standpunkte verdient.

Felix Lay.

Im Verlage des Unterzeichneten

sind erschienen:

1. Album für Stickerei.

5 Lieferungen à 1²/₃ Thlr. Elegant ausgestattet in reichem Buntdruck. Das Werk enthält 130 Muster für Teppiche, Pantoffel, Sophakissen etc., welche streng stylistisch in Form und Farbe, und bequem zum Abzählen für Straminstickerei durchgeführt sind. Es ist ein Ornamentenschatz für jedes Haus, Atelier und Schule, und eignet sich besonders zu Festgeschenken für Damen.

Es ist Ihrer kaiserl. königl. Hoheit der Frau Kronprinzessin Victoria von Preussen gewidmet. Auf der Ausstellung in Cassel 1870 erhielt es die erste Auszeichnung.

2. Album für Wohnungsdecoration.

Lieferung I, Spitzengewebe. (10 Tafeln Photolithographien). Preis 3 Thlr.

Das Album bringt die von dem Unterzeichneten componirten und von den ersten Kunstindustriellen Deutschlands ausgeführten stylistischen Muster für

Tapeten, Teppiche, Möbelstoffe, Vorhänge, Tischzeuge (bunt und weiss), **Glas- und Porzellan-Service,**

„mit Angabe der Bezugsquellen," so dass jeder Architekt, Decorateur, Kunstfreund etc. die stoffliche Ausstattung und Decoration der Wohnräume bequem bestellen kann. Man abonnirt und bestellt jede Lieferung einzeln, da sie im Druck, Format etc. verschieden sind.

3. Südslavische Ornamente.

Gesammelt und herausgegeben von **Felix Lay**, ausgeführt von **Fr. Fischbach**. (Selbstverlag von Beiden). Das Werk enthält 20 Tafeln in reichstem Buntdruck, und zeigt reiche und originelle Teppich- und Stickerei-Ornamente, sowie Gold- und Silberschmuck. Die „Verbreitung und Cultur der Südslaven" gehört als erläuternder Text zu diesem Werke. Preis 12 Thlr.

FRIEDRICH FISCHBACH.

(Commissionair **Rud. Weigel** in Leipzig.)

Südslavische Ornamente

gesammelt und gewidmet
allen Ländern und Völkern zur Förderung der Kunstindustrie
und nebst einer Abhandlung über die
Verbreitung und Cultur der Südslaven
herausgegeben
von

Felix Kay in Essegg
in Slavonien,

Inhaber des k. k. österr. goldenen Verdienstkreuzes mit der Krone, Ritter der französischen Ehrenlegion, Inhaber der grossen Medaille der kaiserl. russischen Naturforscher-Gesellschaft in Moskau, Ehrenbürger der kgl. Freistädte Essegg und Pozegg, Ehrenassessor der Comitate Verovititz und Kreutz, correspondirendes Mitglied der k. k. landwirthschaftlichen Gesellschaft in Wien, Pfleger des germanischen Museums in Nürnberg etc. etc.

Der ornamentale Theil ist ausgeführt von

Friedrich Fischbach

Lehrer der Ornamentik an der königl. Academie in Hanau, Zeichner u. Correspondent des k. k. österr. Museums für Kunst u. Industrie, Inhaber des österr. goldenen Verdienstkreuzes etc. etc.

Verlag von **Fr. Fischbach** in Hanau a. M.
Commissionär: **Rud. Weigel** in Leipzig.

SÜDSLAVISCHE ORNAMENTE.

LIEF. I. TAFEL. I

Herausgegeben von FELIX LAY

Ausgeführt von FRIEDRICH FISCHBACH

SÜDSLAVISCHE ORNAMENTE.

Herausgegeben von Felix Lay

SÜDSLAVISCHE ORNAMENTE.

SÜDSLAVISCHE ORNAMENTE.

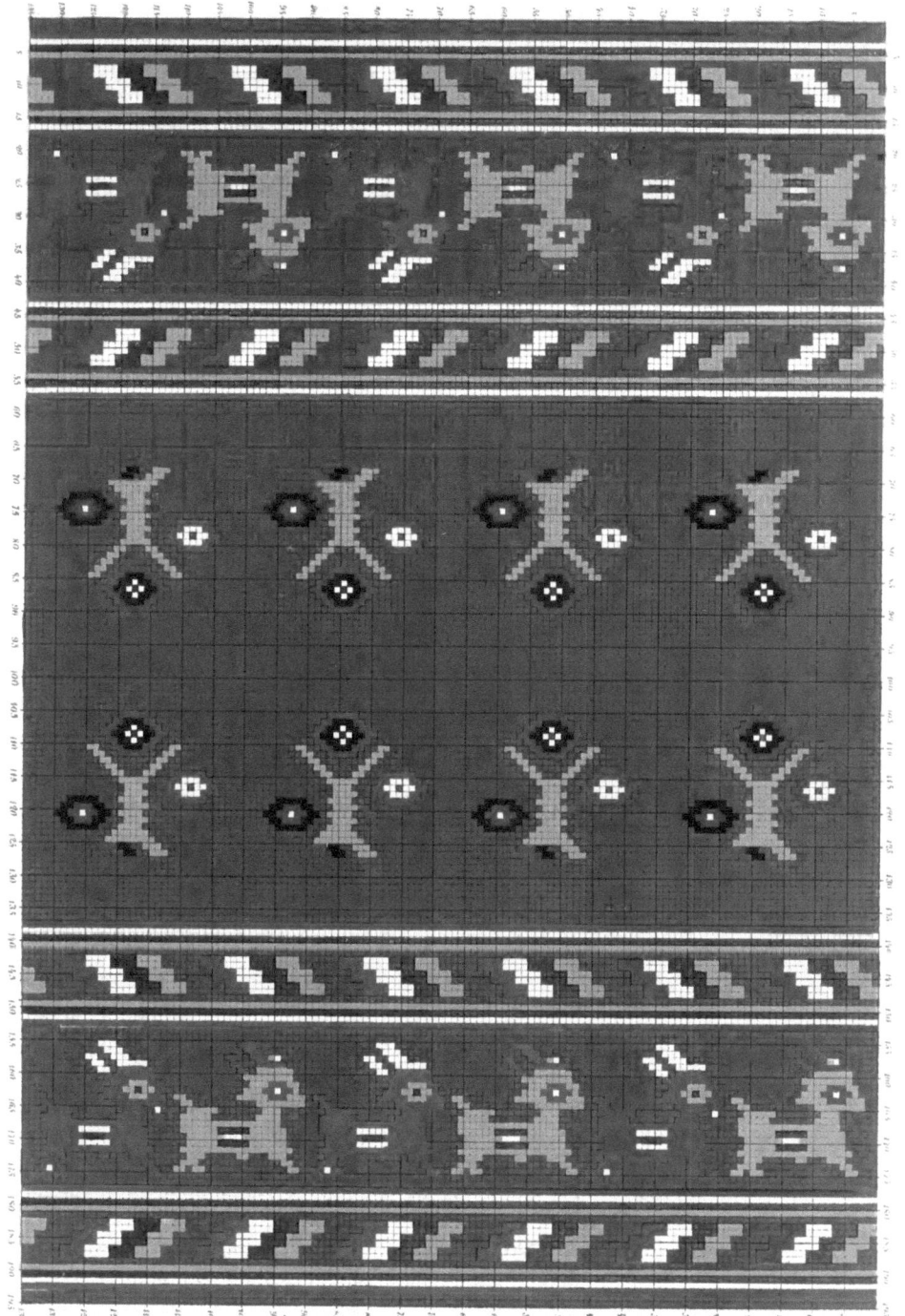

Herausgegeben von
FELIX LAY.

9.

Ausgeführt von
FRIEDRICH FISCHBACH

SÜDSLAVISCHE ORNAMENTE.

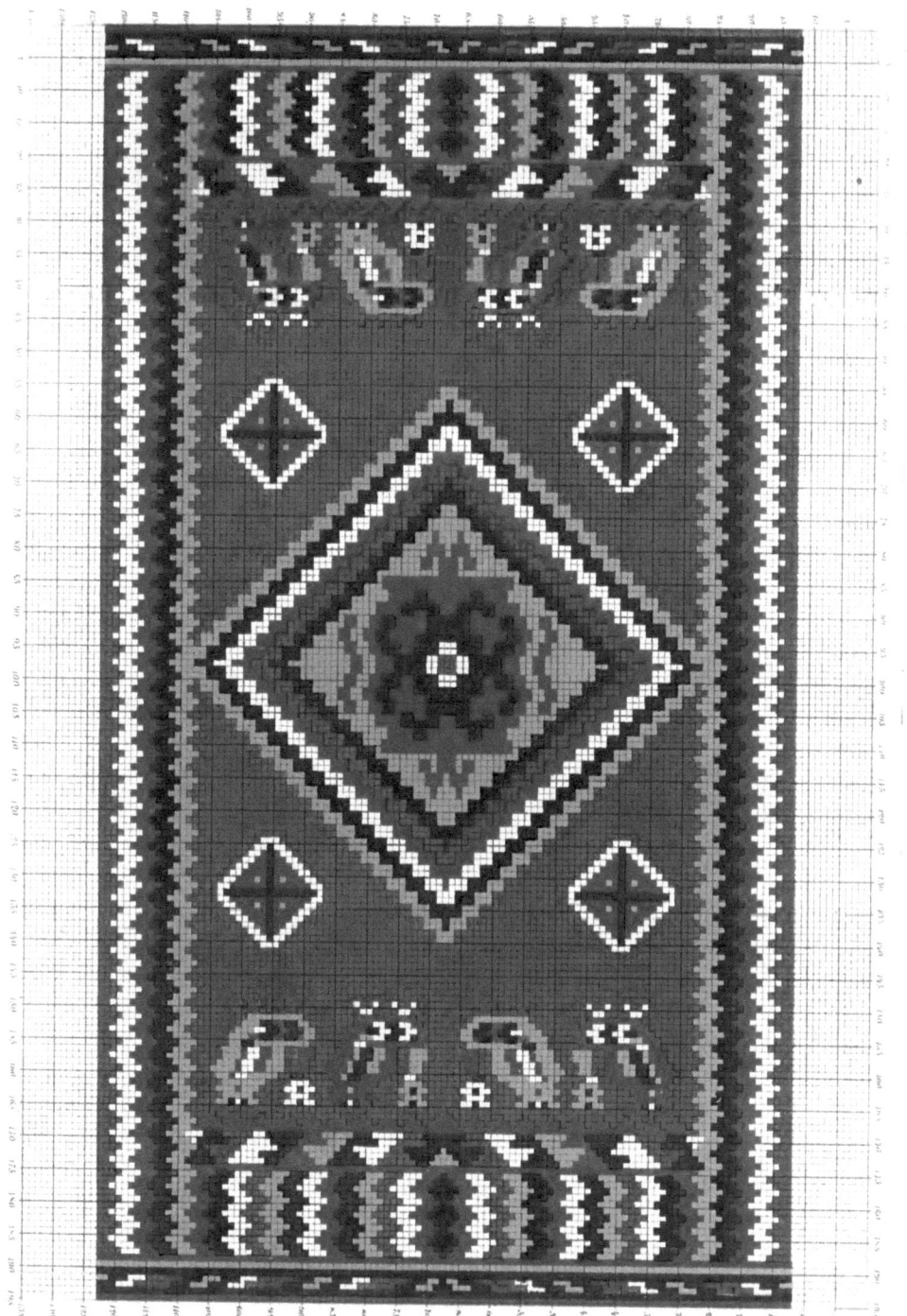

LIEF. I. ## SÜDSLAVISCHE ORNAMENTE. TAFEL VI.

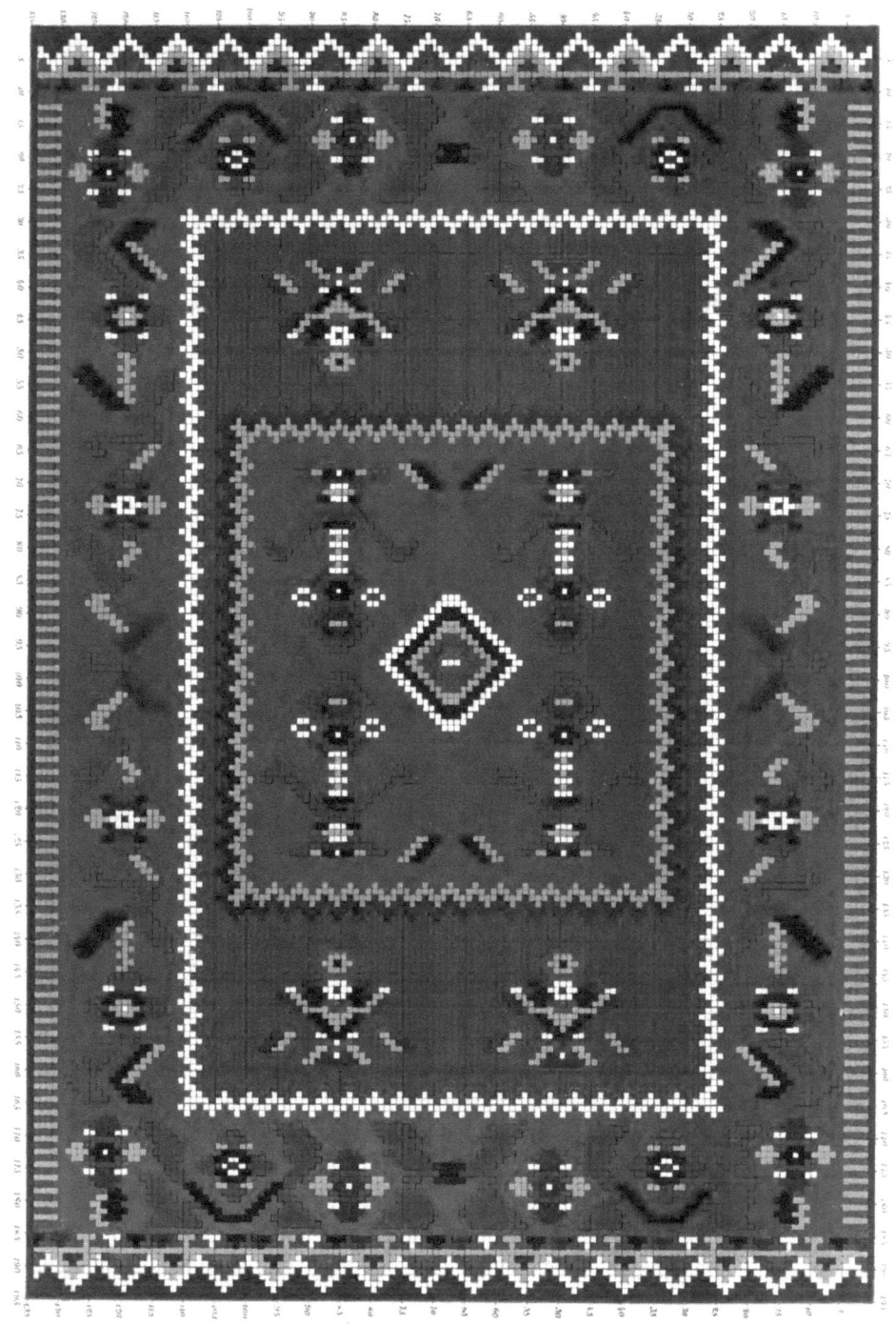

LITH v. I. REDINGER
11.
DRUCK v. B. DONDORF

Herausgegeben von **FELIX LAY.** Ausgeführt von **FRIEDRICH FISCHBACH.**

SÜDSLAVISCHE ORNAMENTE.

Herausgegeben von Felix Lay. Ausgeführt von Friedrich Fischbach.

SÜDSLAVISCHE ORNAMENTE

Herausgegeben von
Felix Lay

Ausgeführt
Friedrich Fischbach

SÜDSLAVISCHE ORNAMENTE.

SÜDSLAVISCHE ORNAMENTE.

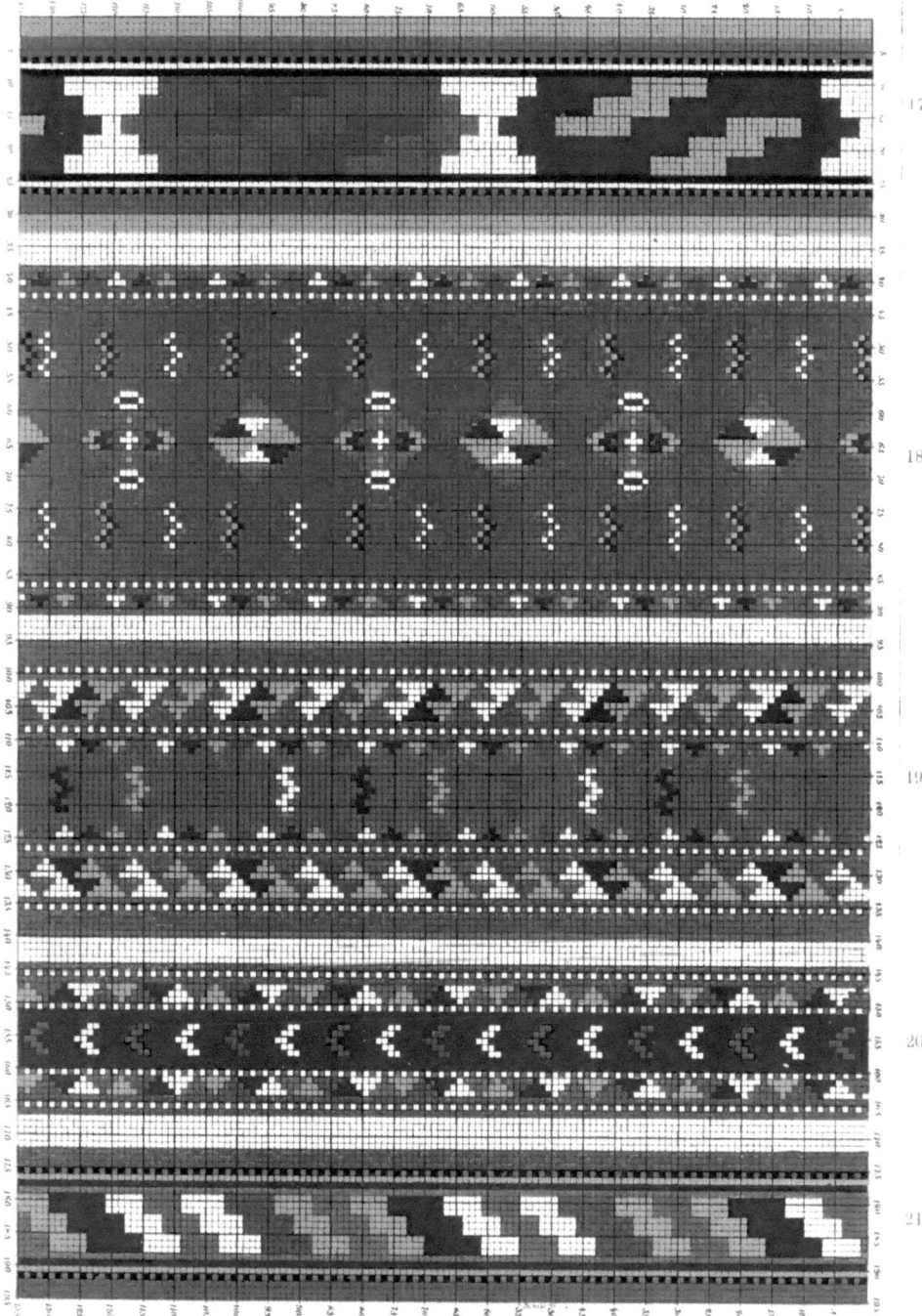

SÜDSLAVISCHE ORNAMENTE.

Herausgegeben von Felix Lay. Gesammelt von Friedrich Fischbach.

SÜDSLAVISCHE ORNAMENTE.

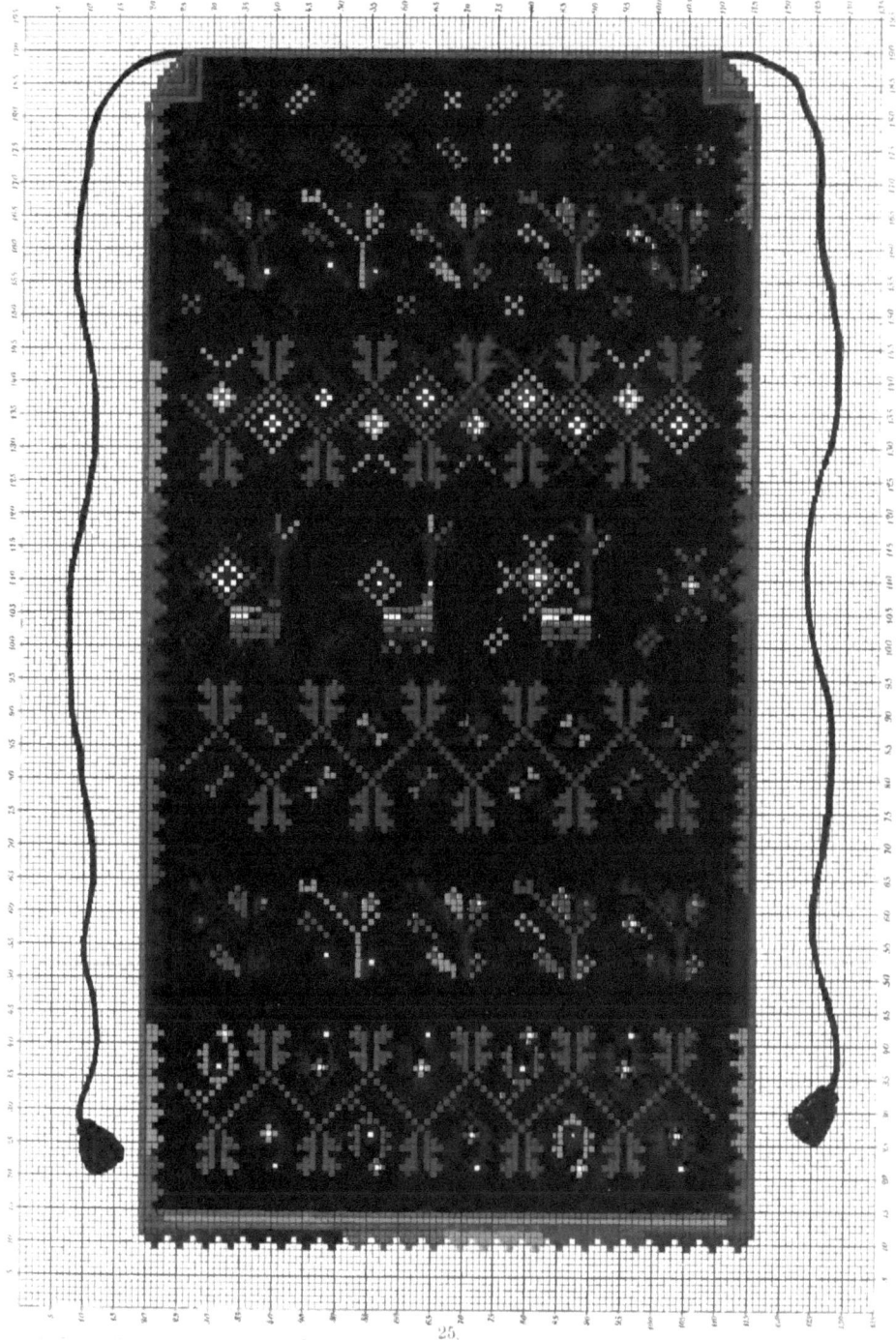

Herausgegeben von
FELIX LAY

Ausgeführt von
FRIEDRICH FISCHBACH

SÜDSLAVISCHE ORNAMENTE.

Herausgegeben von
FELIX LAY.

Ausgeführt von
FRIEDRICH FISCHBACH

SÜDSLAVISCHE ORNAMENTE.

Herausgegeben von
FELIX LAY.

Ausgeführt von
FRIEDRICH FISCHBACH

SÜDSLAVISCHE ORNAMENTE.

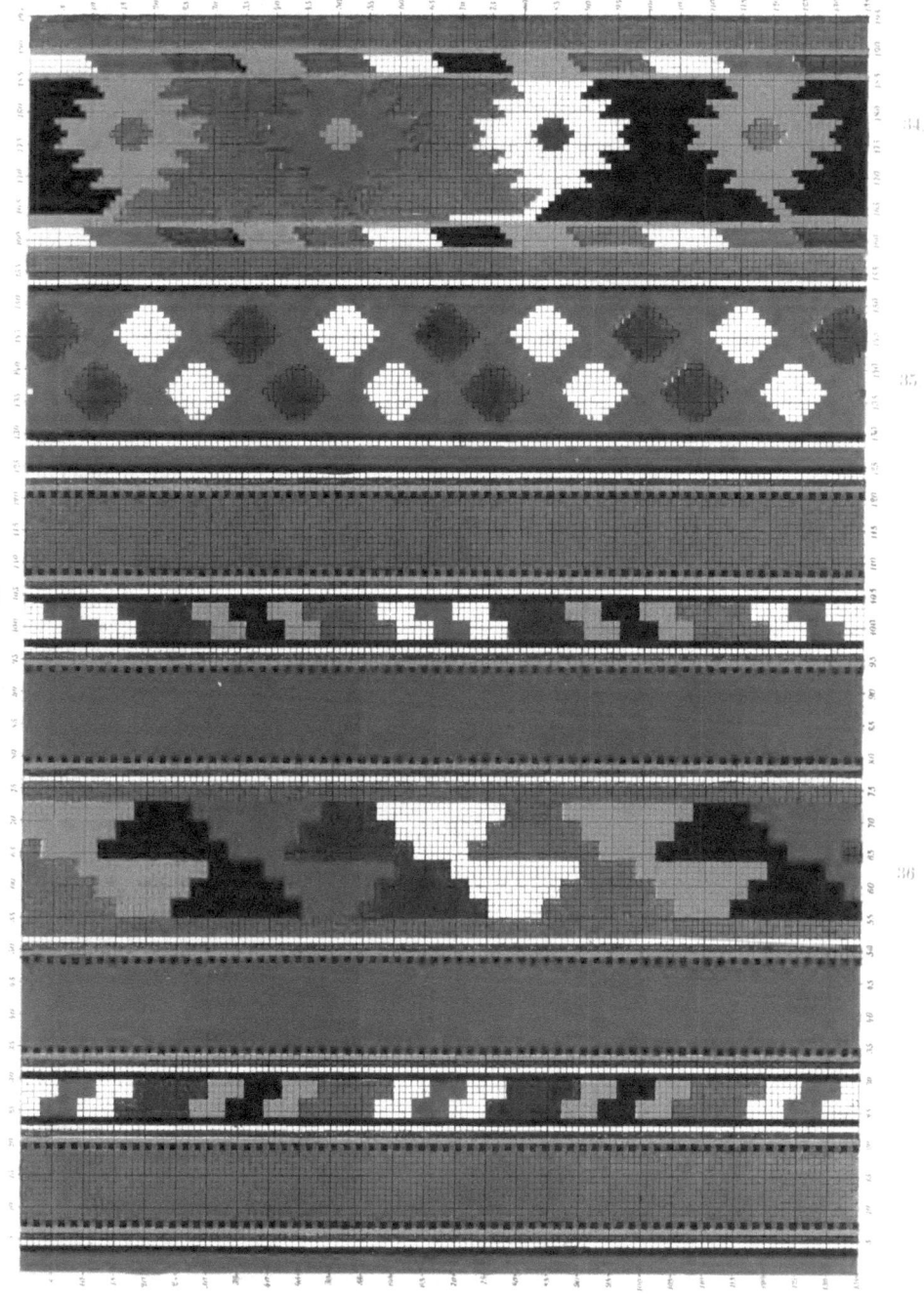

Herausgegeben
FELIX LAY

Ausgeführt
FRIEDRICH FISCHBACH

SÜDSLAVISCHE ORNAMENTE

SÜDSLAVISCHE ORNAMENTE

SÜDSLAVISCHE ORNAMENTE.

Herausgegeben von
FELIX LAY.

Ausgeführt von
FRIEDRICH FISCHBACH

SÜDSLAVISCHE ORNAMENTE.

Herausgegeben von Felix Lay. Ausgeführt von Friedrich Fischbach.

Verzeichniss der einzelnen Ornamente.
Lieferung I.

Tafel	Nr.	Beschreibung
Tafel I.	Nr. 1.	Teppich. Gobellin-Wirkerei. (1/6 der natürlichen Grösse.)
	Nr. 2.	Borte auf einem Handtuche gestickt. (Naturgrösse.)
	Nr. 3.	Gestreiftes Teppich-Muster (1/8 der natürl. Grösse.)
Tafel II.	Nr. 4. Nr. 5. Nr. 6.	Borten- und Flächen-Muster nach Stickereien auf Leinen
Tafel III.	Nr. 7. Nr. 8.	(1/2 der natürlichen Grösse.)
Tafel IV. " V.	Nr. 9. Nr. 10.	Teppich mit Thier-Ornamenten (Bebka) (1/5 der natürl. Grösse.)
" VI.	Nr. 11.	Teppich-Farbenflecke mit buntem Mittelstück (1/8 der natürl. Grösse.)
Tafel VII.	Nr. 12.	Teppich mit 4 Vasen-Ornamenten. Aehnliche Ornamente kommen in modernen indischen Stoffen vor. (1/8 der natürl. Grösse.)
Tafel VIII.	Nr. 13.	Unterer gestickter Saum einer Leinen-Schürze. (Natürliche Grösse.)
Tafel IX.	Nr. 14. Nr. 15. Nr. 16.	Stickereien auf Leinen (1/3 der natürl. Grösse.)
Tafel X.	Nr. 17. Nr. 21.	Naturgrosse Ornamente der Teppiche.
	Nr. 18. Nr. 19. Nr. 20.	Verkleinerte Ornamente der Teppiche.

Nr. 22 auf der Rückseite des Umschlags zeigt Ornamente der Leinenstickerei.

Lieferung II.

Tafel	Nr.	Beschreibung
Tafel XI.	Nr. 23.	Buntstickerei auf weissem Leinen mit Silberfäden, Ornament einer Schürze in 2facher Vergrösserung.
Tafel XII.	Nr. 24.	Stickerei auf weissem Leinen, Brustlatz eines Hemdes in 3facher Vergrösserung.
Tafel XIII.	Nr. 25.	Wollene Schürze mit bunter Stickerei (1/5 der natürlichen Grösse.)
Tafel XIV.	Nr. 26.	Stickerei auf weissem Leinen in 2facher Vergrösserung. Diese Ornamente dienen als Besatz und Verzierung der Hemden an Brust und Schulter.
	Nr. 27.	Teppichborte (1/8 der natürl. Grösse.)
	Nr. 28, 29, 30.	Stickereien auf weissem Leinen in natürlicher Grösse
Tafel XV.	Nr. 31 und 33	Teppich in Gobellin-Wirkerei (1/8 der natürlichen Grösse.)
	Nr. 32.	Stickerei auf Leinen.
Tafel XVI.	Nr. 34, 35, 36.	Teppich-Ornamente in natürlicher Grösse.
Tafel XVII.	Nr. 37, 39.	Ornamente von bestickten wollenen Schürzen
	Nr. 38, 40, 41, 42	Stickerei auf weissem Leinen in natürlicher Grösse.
Tafel XVIII.	Nr. 43, 44, 45.	Stickerei auf weissem Leinen als Besatz (1 1/2 der natürlichen Grösse.)
Tafel XIX.		Südslavischer Schmuck.
	Nr. 46,	Brosche.
	Nr. 47	Ohrgehänge.
	Nr. 48, 49, 50, 51.	Ohrgehänge.
	Nr. 52, 53.	Ringe
	Nr. 54, 55, 56.	Ohrgehänge.
Tafel XX.		Südslavischer Schmuck.
	Nr. 57, 58, 59, 60, 61, 62, 63, 64.	Ohrgehänge.
	Nr. 65.	Halskette mit Münzen.